小学校で法を語ろう

Let's Talk About Law In Elementary School

W. キャシディ & R. イェーツ [編著]
同志社大学法教育研究会 [訳]

成文堂

目　次

はじめに　ギャップを埋めること——法について語ろう
　　　　　　　　　　　　　　　ワンダ・キャシディ＆ルース・イェーツ…1

第1章　どうして小学校の授業で法を教えるのか？
　　　　　　　　　　　　　　　ワンダ・キャシディ…15

第2章　市民参画のための教育——アメリカ合衆国における法に関わる教育——
　　　　　　　　　　　　　　　マーブル・C・マッキニー－ブラウニング…31

第3章　小学校の教室での対立解決
　　　　　　　　　　　　　　　ミシェル・ル・バロン＆ヴィクター・ロビンソン…43

第4章　クラスのなかで民主制の諸原理を身につけること
　　　　　　　　　　　　　　　ルース・イェーツ…59

第5章　物語劇を通して法を見る
　　　　　　　　　　　　　　　ヘザー・ガスコイン…83

第6章　同調圧力を、法に関わる文学作品を通じてコントロールする
　　　　　　　　　　　　　　　マーガレット・ファーガソン…103

第7章　小学校の教室で法を作ってみよう——単元計画——
　　　　　　　　　　　　　　　ロイス・クラッセン…137

第8章　ゲームと模擬実験を通じた法の経験
　　　　　　　　　　　　　　　ルース・イェーツ…153

第9章　社会研究における批判的思考による問題対応と決定
　　　　　　　　　　　　　　　シェルビー・L・シェパード…175

第10章　法科学を通した法の探究
　　　　　　　　　　　　　　　アラン・マッキンノン＆ピーター・ウィリアムス…195

訳者あとがき……………………………………………………231

はじめに
ギャップを埋めること——法について語ろう

ワンダ・キャシディ＆ルース・イェーツ

学校における法に関わる教育の背景

　1970年代の初頭から半ばにかけて、カナダとアメリカ合衆国中の人々は、法に関する情報——それまでは、法の専門家だけのものであった、法に関する一種の実用的な知識——にもっとアクセスしたいと要求し始めました。これと相まって、変容しつつあった民主主義、とりわけ1960年代の社会騒乱の後において、アクティブ・シチズンになる意味について関心が高まりました。アメリカ合衆国では、学校の公民科プログラムを刷新するための——それらを、より適切で、課題に基づいたものにするための——資金が、政府から供出されました。結果として、法「の」教育（education "in" law）というよりむしろ、「法に関わる教育（law-related education）」——もしくは、法「についての」教育（education "about" law）」と称されるものを教えるために、アメリカ合衆国において、いくつかの重要なプログラムが始められました。

　カナダにおいて、法に関わる教育を学校の子どもたちに提供する原動力は、より広範な「公教育運動（public education movement）」——大人に法教育と情報を提供し、彼らの「司法へのアクセス」を拡充するための運動——と密接に連動していました。さまざまな法教育機関が、政府からの基金や財団の資金を得て、カナダ中に広がっていきました。1980年代の半ばまでには、全ての州が、学校の子どもたちに対して、法に関する公的情報と教育の双方を提供することに焦点をあてた機関を、少なくとも一つは有するようになりました。このような関心の拡大を反映するために、さまざまな領域のテーマについてカリキュラム・ガイドが教育省（Ministries of Education）によって改訂され、法に関する教材が開発され（特に、中学生向けのもの）、法のアップ・デートサービスが教師たちに提供され、そして、法に対する理解を深め、法に関する諸概念を子どもたちに効果的

はじめに

に教える方法を学びたいと思っている教育者たちに、ワークショップや講習が用意されました。

　ブリティッシュコロンビア州では、11年生および12年生の生徒たちにとっての選択科目として設置されたシニア学年の法教育コース（the senior law course）が、提供された全ての設置コースの中で最も人気のある選択科目になりました。カナダ全域において、社会科の講座は、法に関するトピックとテーマを、明確に重視するように修正が加えられました。消費者教育や職業教育の講座のような他の講座にも、より多くの法に関する内容が組み込まれました。これらすべては、カナダの若者らが、10年前の子どもたちに比べ、学校教育を通して法に関してより多くを学ぶようになったということを意味しました。こうしたこと自体はグッドニュースでしたが、課題も山積していました。若者に対する法教育に関する全国会議では、法教育の範囲と影響を拡大し深めるための課題が議論されました。この会議での発言者の一人として、ワンダ・キャシディは、法に関する教育者は無制限の活力と急速な成長という「発展段階」から、熟慮、拡大および凝結という「成熟段階」へと歩みを進める必要があると述べました（1989, p.27）。重要で長期的な変化を引き起こすには、多種多様なことが必要とされました。当時の彼女の提案は以下のような内容を含んでいました。

➡ 小学校の低学年で始まる法に関わる教育を実行すること、および幼稚園から第12学年までを通して協調した努力を展開することに努める必要があり、また、主流から外れた子どもたち——すなわち、ESLの子どもたち、特別な支援が必要な子どもたち、非行児または「問題」児をも対象とした、法に関するプログラムの開発に着手する必要がある。

➡ 教育において既存の権限を有する教育機関が、法に関わる教育についても、その責任を負うように求める必要がある。たとえば、大学の教育学部は、教育省のように、教育委員会や教師連盟ともっと関わりをもつ必要がある。

➡ 洞察、経験、知識を共有しなければならない。カナダにおける法に関わる教育は、人々が何をしているのかに関する情報の不足と、批判的意見の

欠乏に陥っている。私たちはもっと調査をしなくてはならない。私たちは、この分野のニーズを吟味し、こうした調査に基づいたプログラムを開発し、その有効性を評価し、そして結論を公表する必要がある。

　本書『小学校で法を語ろう』は、こうした提案に取り組む試みの一つです。1980年代末以降、小学校段階の教師からは、生徒たちと法に関するトピックや概念、技能に取り組むことへの関心が高まってきています。サイモンフレーザー大学教育学部における法教育に関する講座に登録している教師たちのうち、半分以上が小学校の教員です。カナダにおいて今なお存在する公的な法教育機関は、より幼い子どもたちの教師が同様の割合を示すことを報告しています。編集版として本書は、法に関する教育者が教授法の情報と知識を共有する必要性にも言及します。また本書は、カナダ全域における学校での法に関わる教育をさらに支援するための、サイモンフレーザー大学におけるロー＆ソサイエティ教育センターの関与を反映してもいます。

本書の概観

　生徒に法について教える小学校の教師たちは、非公式のカリキュラムの強力な影響を通してだけでなく、最初は、社会科、国語科、理科といった基幹科目を通して、法について教えています。しかし、教師たちは通常、適切な教材の開発や、より高学年向けに法律で定められた既存のカリキュラム教材の修正を一人で任されています。今なお、適切な教材と法的なテーマ、概念、手続を教室で扱いたいと思っている小学校教員に対する支援サービスが不足しているのです。この空洞から、本書の着想は生まれました。

　理論は（それが実践を特徴づける以上）議論されるものの、本書は、志向としては、理論的というよりむしろ実践的です。本書のそれぞれの寄稿者は、公的な学校レベルや、プログラムを管理・運営するレベル、もしくは後の中等学校レベルにおいて、法に関わる教育に対し働きかけている方々です。各著者は、学問領域と様々な教育学的アプローチをカバーするように、注意深く選ばれました。本書で議論される方略は教室で実践されています。

　序章では、民主主義社会における法の役割の全体像を生徒が理解するために重

要な、概念的で論点に基礎をおいた法に関するカリキュラムを論じつつ、法が、なぜそしてどのように、小学生の子どもたちに教えられるべきかを議論します。第2章では、アメリカ合衆国における法に関わる教育の発展を跡づけ、特に小学校の生徒たち向けの法教育の領域における最近のトレンドを議論します。「LRE」運動は国境を知らず、題材やコンセプト、プログラム構想は、1970年代に子どもたちに対する法教育が推進され始めて以来、北アメリカ中で共有されてきました。第3章では、紛争調停者（conflict mediators）を経験した著者が、法に関する能力と手続を知り実践することは、いかに子どもたちが対立を回避または解決する手助けとなり得るかを示します。第4章では、非公式のカリキュラムの強力な効果と、教育者が法と民主主義の原則を模った授業を構成する必要性について論じます。続く6つの章は、様々な科目の領域に法教育を取り入れる、次のような異なった方法を概説します。物語劇を通して法的な問題に取り組むこと、法に関する諸概念を学ぶために文学作品を用いること、科目の領域を越えたゲームやシミュレーションを通して法手続を経験すること、社会科において批判的考察を行うために法に関する問題を用いること、そして、科学の授業において科学捜査を通して法を探求することです。

　最終的には、小学校の教師たちが、様々な科目の領域を通して、生徒向けの法に関わる教育のカリキュラムを開発することができる実践的な方法だけでなく、その際に強調すべきことをも理解するようになり、そして、いかに授業を構成するかの議論に参加できるようになることが望まれます。

他の法に関するリソースと小学校教師への支援サービス

　現段階でも、法に関わる教育の領域における素晴らしい教材や教師の支援サービスが存在するものの、全体として、特別な支援を提供する様々なサービスや組織が有している資金の量は減少しています。過去2、3年、カナダのあらゆる公的な法教育機関は予算削減に苦しんできました。これは主に、政府資金が、負債の返済や、教育以上の優先事項に回されたことに起因していました。法に関わる教育プロジェクトの主な財源である州法律基金では、金利が低下した結果として、交付される資金が減少しました。結果的に、法教育の領域を研究する資金を増大させると同時に、学校制度の全ての段階に対するリソースと支援を増大させ

るべく、1980年の、若者に対する法教育に関する国内会議に参加した多くの人々が描いた夢は実現されませんでした。むしろ、法教育機関は一定の領域に特化し、一定のサービスを廃止し、以前は無料で提供されたプログラムに対して、利用者に使用料を請求せざるを得なくなりました。

以下では、法教育のプログラムの開発の援助を求めて、教師たちが今なおアクセスすることができる主なリソースのうちのいくつかを概観します。これらは、公的な法教育機関から、行政府の部門、専門家集団、コミュニティ・エージェンシー、大学まで広がっています。議論において、出版物や視聴覚またはインターネットのリソース、教員養成プログラム、法律更新サービス、校外活動の経験、授業でゲストスピーカーとしての役割を果たす人々のリソース、および開発援助プログラムの有用性について言及します。特定の組織の名称、電話番号、住所を記載している場合もあります。しかし、読者は、この電話番号や住所のような情報が変わっていないか確かめるようにしてください。特定の組織の名称や、住所、電話番号が記載されていない場合、読者は、コミュニティ・リソース、政府機関および他の教育サービスに関する情報を概説した参考図書を所蔵する、近郊の公共図書館に連絡を取るようにしてください。州および連邦政府の部門の電話番号や住所を調べる際には、電話帳の色のついたページが、適切な情報を提供してくれます。

公的な法教育機関

ほとんどの州は、かつて提供されたその多くのサービスが削減されたものの、今なお、少なくとも一つの主要な法教育機関を有しています。各組織は、提供されるサービスのタイプによって異なるので、教育者には、地元の組織に連絡を取り、情報を得ることが奨励されます。たとえば、ブリティッシュコロンビアの法律サービス協会（the Legal Services Society）は、15年にわたり学校の素晴らしいカリキュラム教材を発展させ、教員のためのワークショップを開催し、カナダ全域の教師に向けた隔月に刊行される会報を出版したスクールプログラム（School Program）をもはや有していません。かつてこのサービスを利用していた教師たちは、現在、カリキュラム教材、法律のパンフレット、会報の切り抜きを所蔵する法律サービス協会の参考図書館に行くか、それらの視聴覚資料のコレクションから貸し出しを受けざるを得なくなっています。同様に、ブリティッ

はじめに

シュコロンビアの法廷教育協会（the Law Courts Education Society）は、もはや、学校に向けた裁判所や司法の問題に関する新しい刊行物を広範に発行できる財政状況にはなく、今は、裁判所を訪問し、または裁判所で模擬法廷を行いたいと思っている学校の授業に対し、使用料を請求せざるを得なくなっています。

公的な法教育機関および情報機関

アルバータ
Legal Studies Program
University of Alberta
Faculty Extension
University Extension Centre
8303 112th Street
93 University Campus N.W.
Edmonton, Alberta T6G 2T4
Tel: (403) 492-5732
Fax: (403) 492-1857

ブリティッシュコロンビア
Law Courts Education Society
Court House
221-800 Smithe Street
Vancouver, British Columbia
V6Z 2E1
Tel: (604) 660-9870
Fax: (604) 775-3476

Legal Services Society
Suite 1500, 1140 West Pender Street
Vancouver, British Columbia
V6E 4G1
Tel: (604) 601-6000
Fax: (604) 682-7967

The People's Law School
150-900 Howe Street
Vancouver, B.C. V6Z 2M4
Tel: (604) 688-2565
Fax: (604) 331-5401

マニトバ
Community Legal Education Association
501-294 Portage Ave.
Winnipeg, Manitoba R3C 0B9
Tel: (204) 943-2382
Fax: (204) 943-3600

ニューブランズウィック
Public Legal Education and Information Service of New Brunswick
P.O. Box 6000
Fredericton, New Brunswick
E3B 5H1
Tel: (506) 453-5369
Fax: (506) 457-7899

ニューファンドランド
Public Legal Information of Newfoundland
P.O. Box 1064, Station "C"
5th Floor, Atlantic Place
215 Water Street
St. John's, Newfoundland A1C 5M5
Tel: (709) 722-2643
Fax: (709) 722-8902

ノースウェストテリトリーズ

Law Line
4916-47 Street
P.O. Box 1320
Yellowknife, Northwest Territories
X1A 2L9
Tel: (403) 920-2360/920-6161
Fax: (403) 873-5320

ノヴァスコシア

Public Legal Education Society of Nova Scotia
911-6080 Young Street
Halifax, Nova Scotia B3K 5L2
Tel: (902) 454-2198
Info. Line and Lawyer Referral Service (902) 455-3135 (Metro)
1-800-665-9779 (Toll free in Nova Scotia)
Fax: (902) 455-3105

オンタリオ

Community Legal Education Ontario
119 Spadina Ave, Suite 600
Toronto, Ontario M5V 2L1
Tel: (416) 408-4420
Fax: (416) 408-4424

Justice for Children and Youth
Suite 405, 720 Spadina Avenue
Toronto, Ontario M5S 2T9
Tel: (416) 920-1633
Fax: (416) 920-5855
Email: jfcy@web.net

プリンスエドワード島

Community Legal Information Association of Prince Edward Island
P.O. Box 1207
Charlottetown, PEI C1A 7M8
Tel: (902) 892-0853
Fax: (902) 368-4096
Email: cliapei@web.net

ケベック

Barreau du Québec
445 boulevard Saint Laurent, S215
Montréal, PQ H2Y 2Y7
Tel: (514) 954-3459
Fax: (514) 954-3462

Commission des Services Juridiques
2, Complexe Desjardins
Tour de l'Est, Bureau 1404
Montréal, Québec H5B 1B3
Tel: (514) 873-3562
Fax: (514) 873-8762

Gouvernement du Quebec
Ministère de la Justice
Direction des Communications
1200 route de l'Église, 9th Floor
Sainte-Foy, Québec G1V 4M1
Tel: (418) 643-5140
Fax: (418) 646-4449

Trajet Jeunesse Montreal
1335 Mount Royal East
Montréal, PQ H2J 1Y6
Tel: (514) 521-2000
Fax: (514) 521-1166

サスカチェワン
Public Legal Education Association
of Saskatchewan
115-701 Cynthia Street
Saskatoon, Saskatchewan S7L 6B7
Tel: (306) 653-1868
Fax: (306) 653-1869
Email: pleasask@web.net

ユーコン
Yukon Public Legal Education
Association
c/o Yukon College, P.O. Box 2799
Whitehorse, Yukon Y1A 5K4
Tel: (403) 667-667-4305
Tel: 1-403-668-5297 (Toll Free-
in Yukon only)
Fax: (403) 668-5541

大学の法に関わる教育プログラム

カナダ（およびアメリカ合衆国）のほとんどの教育学部は、法教育における教師のための特別なプログラムを提供していません。いくつかの大学は、中学校レベルで（法の内容を伴った）職業講座を教える教師のための講座を設けています。社会科教育法講座も、法のトピックを扱いますが、しかし、とりわけ、法に関係した、または、教師自身の法に関する知識を改善するように設計された教育方法を教師に提供することに焦点が置かれているわけではありません。

その例外は、サイモンフレーザー大学、ブリティッシュコロンビア大学、およびアルバータ大学です。アルバータ法律リソースセンター（Alberta Legal Resource Centre）は、アルバータ大学のエクステンション部門（Extension Division）の中にあり、法教育の教師たちのためのプログラムやワークショップ、教育方法を提供しています。何年も前、ブリティッシュコロンビアの法律基金（Law Foundation）は、法教育の教師たちに向けた一連の講座を発展させるために、サイモンフレーザー大学とブリティッシュコロンビア大学に資金を提供しました。ブリティッシュコロンビア大学は、現在、（キャンパスでの講義と通信教育によって）社会科教育部門を通して、二つの履修科目——一つは、実体法に関する科目で、もう一つは、法に関する方法論を扱う科目を設置しています。

サイモンフレーザー大学は、キャンパスでの講義と通信教育のどちらかにより、教師のための4つの法に関する科目を設置しています。一つ目は、幼稚園から12年生までの子どもたちに法を教える方法論、二つ目は、教師に法律の情報を提供するもの、三つ目は、教師のための対立解決方略に関するもの、四つ目は学校法（教師たちの権利と責任）に関するものです。

さらに、サイモンフレーザー大学とアルバータ大学の両方とも、北アメリカ全

土から教育者がアクセスできるインターネットサービスを導入しています。

サイモンフレーザーによるローコネクション（Law Connection）
http://www.educ.sfu.ca/cels

ローコネクションは、特に教師のニーズに対応しており、インターネットにアクセスできる人なら誰でも利用することができます。このサービスは以下のものを提供してくれます。

- ➡ 時事的な法律問題に関する記事
- ➡ 重要な裁判所の判断や立法に関する最新情報
- ➡ コミュニティ・リソースに関する議論
- ➡ 授業で用いるためにダウンロードすることが可能な授業計画
- ➡ 教師が互いに会話でき、また生徒と教師が法律の専門家に法に関する質問をすることができるカンファレンスサービス
- ➡ 他の適切な法に関するインターネットのサイトへのリンク

ローコネクションは、定期的に更新され、2〜3か月ごとに新しいテーマが追加されます。過去のテーマには、若者と司法、公正と平等の問題、ヘイトクライムとニュルンベルク裁判50周年記念、土地利用法と住宅問題、児童保護活動、生得の権利があります。

このサービスの情報に関しては、以下に問い合わせてください。

Centre for Education, Law and Society, Faculty of Education, Simon Fraser University, Burnaby, B.C. V5A 1S6; 604-291-4570; Valerie_Murdoch@sfu.ca

ACJNET（Access to Justice Network）
URL: http://www.acjnet.org

ACJNETは、カナダ司法省によって後援され、アルバータ大学の法律リソースセンター（Legal Resource Centre）によって運営されています。このサイトは、カナダ最高裁判所や連邦または州の法律、カナダ弁護士会、特定の公共法教育機関といったような様々な法律の情報サイトのディレクトリやリンクを含んでいます。このサイトの利用に関するさらなる情報は、アルバータ大学の法律リソースセンター（上記のアドレス）を通して入手可能です。

若者の司法教育プログラム国家委員会（Youth Justice Education Program (YJEP) National Committee）

　この機関は、教師への特定のサービス（カリキュラム教材、教育プログラムや他のサービス）を提供しているわけではありませんが、会員には、若者に対する司法教育の領域において活動する広範な個人や機関の代表者——青少年犯罪者裁判所判事、児童擁護者、研究者、学校経営者、公共法教育者、コミュニティ開発者が含まれています。参与者はもともと、司法省、司法アクセス／公共法律教育部門によって招集されましたが、現在は、カナダのそれぞれの州や準州から選ばれた代表者とともに、独自の協会を設置しています。この機関に関する情報は、以下から入手できます。

　　Dr. David Oborne
　　President
　　Youth Justice Education Program
　　c/o Coquitlam School Board
　　550 Poirier Street
　　Coquitlam, B.C. V3J 6A7
　　Fax: (604) 939-7828

政府機関のリソース

　連邦、州、地方レベルの政府機関は、しばしば法律に関する良い情報源となり、特に、生徒にわかりやすいリソースを提供するというよりむしろ、最近の法律問題に関して教師にバックグラウンド・リーディングを提供してくれます。移民および多文化主義から、漁業および環境保護、動物保護および犬の鑑札までに至る問題に取り組む教師は、適切な政府機関に問い合わせて、情報を得ることができます。

　連邦政府から情報を得る際には、まず、レファレンスカナダ（Reference Canada）のフリーダイヤル・インフォメーションナンバーに電話をしてください：1-800-667-3355。もしくは、教師は、あらゆる連邦政府の省庁および部局のフリーダイヤルの電話番号を列挙し、それぞれの部局の権限と機能を詳述している、レファレンスカナダの年次の案内書のコピーを、連邦プログラム＆サービス（Federal Programs and Services）に依頼することができます。

はじめに　11

　　　Reference Canada Program
　　　Canada Communications Group
　　　Ottawa, Ontario
　　　K1A 0S5
　　　Telephone: (613) 941-3306
　　　Fax: (613) 941-3393
　現在の法律に関する情報は、以下から入手することができます。
　　　Canadian Government Publishing Centre
　　　Supply and Services Canada
　　　Ottawa, Ontario
　　　K1A 0S9

　連邦政府と同様、州政府にも無料の情報ラインと官庁刊行物案内があります。たとえば、ブリティッシュコロンビアの無料の情報ラインは1-800-663-7867で、住所は以下の通りです：Government Communications、612 Government Street, Victoria, V8V 1X4。他の州政府の情報ソースの電話番号および住所は、電話帳の色付きのページ、または公共図書館から入手できます。同様に、地方政府の情報も、これらのソースから得ることができます。

コミュニティの機関と団体

　法に関する領域で活動するコミュニティの機関および団体は多く存在します。たとえば、環境保護団体、移民保護団体、人権擁護団体、市民権保護団体、仲裁および対立解決に従事する機関、（多くは裁判沙汰になる前の）虐待児童やハイニーズの子どもたちに働きかける機関、刑務所の収容者に支援を提供する機関、障害者支援団体、賃借人の権利保護団体、貧困撲滅団体などです。

　これらの機関の中には、国や州並の影響力をもつものもある一方で、他は地方レベルでのみ活動し、通常、公共図書館に所蔵される情報を通してしかアクセスできないものもあります。多くのコミュニティ機関は、小学校での法に関わる教育プログラムで使用するために採用できるマテリアルを有しており、また、教室にゲストスピーカーを快く派遣してくれます。これらのプログラムに関して学ぶことは、間違いなく、教師の法に関する問題の知識を豊かなものにしてくれるでしょう。

専門的な機関と組織

カナダ法曹協会（Canadian Bar Association）および州法曹支局は、法のカリキュラムを計画する教師にとって有用なリソースです。カナダ法曹協会は、いかに法システムが機能しているかについて、公衆により良く知らせることを目的として、毎年春に、カナダ全域で、ローウィーク（Law Week）を開催しています。この期間、生徒たちは、地方裁判所で行われる模擬裁判、演説コンテスト、ポスターコンクール、小論文コンクールのような活動に参加することができます。この期間には、特別なシティズンシップ・セレモニーがしばしば行われ、いくつかの裁判所が週末に解放され、市民に特別なプログラムやアクティビティが提供されます。その年の他の時期には、教師は、現地の法曹協会に連絡を取り、授業での演説を依頼することができます。多くの法律家は、コミュニティに関心をもち、この活動を公共サービスとみなしています。

RCMPと地元の警察組織も、通常、積極的に教師と共に活動し、若者の司法に関するプログラムを開発し、または、教室にゲストスピーカーを派遣してくれます。しばしば、警察組織の一人もしくは複数人の成員が学校と協同するように指名され、ときに、警察組織は、小学校の子どもたちと共に使用することができる教材を準備しています。

アメリカ合衆国の機関

アメリカ合衆国には、小学校と中学校レベルでの法に関わる教育の質を向上させる分野で主に活動する、素晴らしい教育機関が多く存在します。アメリカ法に特化したマテリアルやリソースは、カナダにおいてはふさわしくないものの、これらのリソースで示される方略の多くは転用することが可能です。その上、主に基本的な法原則や民主主義社会の一般的な概念を扱い、カナダで用いるのに、わずかな調整のみで足りるリソースもあります（たとえば、権力、正義、プライバシー、市民権、責任などの問題を扱う、カリフォルニアの市民教育センター（Centre for Civic Education）のマテリアルなどです）。

アメリカ法曹協会（American Bar Association）の青年シティズンシップ教育部門（Youth Education for Citizenship division）は、アメリカ合衆国における様々な法に関わる教育プログラムの調整機関として活動しています。自らのニーズにとって、いかなるプログラムが適切かどうかについてもっと知りたい教師

は、以下に連絡を取るとよいでしょう。

American Bar Association
Special Committee on Youth Education for Citizenship
541 North Fairbanks Court
Chicago, IL 60611-3314
http://www.abanet.org/publiced
Telephone: (312) 988-5735
Fax: (312) 988-5032

カナダの教師は、「アップデート（Update）」という雑誌を見ることもできます。それは、アメリカ法曹協会によって出版され、授業のアイディアや法教育における教師自身の経験に関する議論、（アメリカ法ではあるものの）法律の改正を扱うセクション、教師に提供された様々なワークショップや教育プログラムの振り返りなどであふれており、有用なリソースと言えます。

おわりに

　全体として、小学校レベルで直接的に実行するのに適した、法に関するカリキュラム教材がごくわずかしかありません。このことが、本書『小学校で法を語ろう』と、ロー＆ソサイエティ教育センターにおいて執筆段階にある第2の本『おとぎ話の模擬裁判　子どもたちのためのシュミレーションとロール・プレイ（Storybook Mock Trials : Simulations and Role Plays for Children）』の背後にある主な出版の動機です。
　法に関するカリキュラムを開発しようとする教師は、上で列挙した公共の法教育機関によって提供されるリソースやサービスを用い、インターネット上で提供されるこれらのサービスに問い合わせることが奨励されます。上で紹介した他のソースによって提供されるサービスやマテリアルは、教師によってより多くの修正——解釈レベルでの修正、中学校から小学校への焦点の変更、直接的な情報の提示から、子どもにとっての教育学的に魅力的な活動への変更といったような修正が必要となります。

教師には、「思い切ってやってみる」ことをお勧めします。生徒たちを法に関わる教育に惹きこむことはとても楽しく、彼らの教育にとって非常に重要なことなのです。

第1章
どうして小学校の授業で法を教えるのか？

ワンダ・キャシディ

> 本章では、ワンダ・キャシディが、小学校で法を教える意義を論じ、子どもたちに紹介されるべき種類の法律概念を探求します。彼女は学校の役割に着目するところから始めます。というのも……

　公立小学校は、教育するだけでなく、私たちが、社会として大切にしている価値観や信条、そして願望を反映すべきです。私たちの民主主義社会においては、そうした価値観には、公益への貢献だけでなく、個人の重要性、表現や移動の自由、プライバシーと安全の権利、他者の権利への寛容と尊重が含まれます。学校を通じて、私たちは、若い人たちに、過去と現在への理解やコミュニティと国際関係への自覚を促し、若い人たちが、大いに社会に貢献し、生産的で満たされた人生を送ることができるだけの力量を身につけるのを手助けしようとします。私たちは、子どもたち一人ひとりが、批判的に考えること、合理的な能力を養うこと、口術的、記述的および創造的な表現方法によってコミュニケーションを図ることを学んでほしいと思っています。学校が、より良い世界の創造へと至る信条、心構え、そして振る舞いを子どもたちが獲得できるように、彼らを社会化するのと同時に、子どもたちの心を大きく、豊かなものにすることが、私たちの願いです。私たちが、心に描く多くのことが、個々で、または協同で、社会として私たちが若い人たちのために計画する数々の教育プログラムに反映されています。学校での実践による表に現れないカリキュラムや非公式のカリキュラムと、学校の公式のカリキュラムの両方が、これらの教育理念を育むうえで重要な役割を果たしているのです。

教育的権能と法教育

　法は、まさに私たちの民主主義の社会構造の中に、複雑に織り込まれていま

す。したがって、見識ある市民として、私たちの社会を理解し、私たちの社会に効果的に関与するために、私たちは、法とは何か、そして法はどのように作られ、執行され、そして改められるのかを学ばなければなりません。カナダ最高裁判所長だった故ボラ・ラスキンは、早くも1970年代に、法についての教育は、カナダにおいてより大きな注目を得るに値すると説きました。彼は次のように述べたのです。

> 法システムに対する理解を含めて、社会的な教養と社会的リテラシーを兼ね備えた市民を有することはきわめて重要である。政府が、法制度の中に根拠を見出さずに、行えることは何一つない（Macleans, 1977）。

同様に、社会のすべての組織は、大企業であろうと、非営利団体であろうと、小企業であろうと、あるいは非公式の社会的なグループであろうと、法によって規制されます。事実、法は、家族や友人、隣人、そして赤の他人との関係を含めて、生まれてから死ぬまでの個人の人生のあらゆる場面に作用します。法は、私たちが生きる場所と生活上の便宜に影響を与えます。法は、私たちの職業生活に骨組みをもたらしてくれます。法は、私たちが、いつ、どこで、どのように学校教育を受けるのか、私たちは何を買い、何を売ることができるのか、私たちは余暇の活動に何ができて、何ができないのかといったことに影響を与えます。法は、社会を結びつける、社会の「セメント」あるいは「接着剤」と呼ばれてきました。また、調和のある相互作用を可能にする、社会の「潤滑油」あるいは「潤滑剤」とも呼ばれてきました。

　子どもたちや他の人たちが行うことの中で法が優先的な存在であることを、子どもたちに示すための興味深い実験は、子どもたちに日刊紙を調べて、法に関係したすべての記事を丸で囲むように頼むというものです。最初のうち、子どもたちは、すべての部分を見分けられないかもしれませんが、——新聞の見出しから求人広告まで、社説から広告まで、映画の分類方法からマンガの主題まで——新聞のすべての内容が、その情報の示し方を含めて、法によって規制され、または法に関係していることに気がつくでしょう。字を読めない小さな子どもたちに対する同じような実験は、その子たちに、起きてから学校に着くまで、その朝にしたすべてのことを話すように頼み、そして、いかに、それらの活動の一つひとつが、法によって影響を受けているかを、子どもたちと話すというものです。

実際に、法は、私たちが、個人的あるいは公的な生活の中で行うあらゆる事柄と相互に結びついています。そのため、責任ある行動をするために、私たちは、少なくとも私たちに影響を与える法の基本的な知識をもつことが必要ということになります。事実、私たちは、社会として、法の不知が、違法な振る舞いを免責しないように求めています。同様に、法の下で、市民がそれぞれもっている権利は、それらが知られていて、行使されていなければ、無意味になります。このことは、学齢児童についてさえも妥当します。ダルハウジー大学の法学教授ヒュー・キンドレッド（1979）は、次のように述べています。

　　子どもたちが、市民としての責任だけでなく、（私たちの）統治システムに内在する行動の自由についても知ることは重要です。よい市民の指標は、遵法を叩き込まれるのではなく、自身の権利と同じように他人がもつ権利を健全に尊重することであり、多様性の中でさえも、秩序だったプロセスに誠実であることです。法の性質は、批判的だが、建設的な態度を奨励するのです（p.538）。

　実際、個人の力、役割、そして責任へのより大きな理解と評価は法について学ぶことで得られるのです。民主主義社会における法は、個人の権利と政府や多数の集合体の権利とのバランスを図ろうとします。個人の自由と社会的責任に関する、あるいはマイノリティとマジョリティの権利に関する問題は、国中の裁判所で、行政裁判所や代替的な紛争処理決定機関のような準司法的な場所で、そして国会や地方議会といった立法機関において、日々確かめられ、論じられています。すべての決定は、権利及び自由の憲章を含めてカナダ憲法に明確に定められた幅広い指標の前提となります。私たちが、私たちの民主主義社会の中で信じ、実践しようとする基本原理や自由を詳しく説明するのは、まさにこの文書なのです。究極的には、それが、私たちの社会を規制し、立法者や法執行者を含めたすべての人々を対象にした「法の支配」なのです。

法に関連したカリキュラムの開発

　幅広い社会問題や価値観、政府、公的な意思決定プロセス、そして人と人との関わりの相互作用と法の相互関係を考えてみると、論点方式で、方向性としては観念的な子ども向けカリキュラムを開発することは重要です。これは、法学習へ

の「初歩的法原則」アプローチ——あるいは、さまざまな事実や法の詳細の暗記と称されるもの——とは対照的です。具体的な法律や規則、法的なルールを学ぶのは、法律家がすることで、学校の役割は「小さな法律家」を作ることではありません。

むしろ、子どもたちにとっては、小学校の段階でさえ、なぜルールは必要なのか、ルールはすべての人に適用されるべきかどうか、一定の状況下で何が公平や正義なのか、何が正当の権威で、いつ、その権威に対して異議を唱えるのが正しいのか、そして、いつ裁判所は、私たちの抱える問題の解決を委ねられるべきなのか、といった問題に取り組むことが重要です。こういった類の問題は、小さい子どもたちにとっても、それほど複雑ではありません。この段階の子どもたちは、すでに正義や「何が公平か」の強い感覚を備えています。子どもたちは、すでに他の子どもたちとのコミュニケーションや協力に関する重要な原理を学んでいます。彼らは、家庭、学校、公園で、自らの振る舞いを規制する境界に接しています。偏見に悩まされている子どもは少なくありませんし、すべての子どもたちが、話を聞いてもらいたい、価値を認めてもらいたい、そして尊重してもらいたいという希望を抱いています。

学校での論点に焦点を当てた法学のカリキュラムは、子どもたちが、重要な認識プロセスと批判的思考能力——関連性のある「証拠」や情報の特定、真実とフィクションの分離、またはバイアスの認識、異なる視点の評価、議論の促進、ある立場を支持するための論理的根拠の提示、問題の解決および争いの解消、口頭と記述の両方による効果的なコミュニケーションといったもの——を伸ばすのに役立つでしょう。これらの能力は、重要な教育的目標を反映していますし、ここで示唆しているような類の法学に関するカリキュラムを通じて、適切に位置づけられています。

ほとんどの小学校は「法教育」と呼ばれる個別の科目領域を有していないにもかかわらず、現行の教科の領域を通じて、法について学ぶ多くの機会が存在します——とりわけ社会、語学、理科、そして「生活科」のプログラムです。それらの教科の領域のすべてが、多くの法に関連したテーマ、トピック、そして課題を含んでおり、上で言及した類の認識過程の育成を説いています。

要するに、法学のカリキュラムを開発するにあたって、次のような種類の課題に取り組むことが重要となるのです。

- ➡ 基本的な人類の価値観、民主主義の原理、社会的目標や願いと法との関係
- ➡ 民主主義社会にとっての法の支配の性質や重要性
- ➡ 法が、家庭、学校、コミュニティ、そして国家において果たす（あるいは果たすべき）役割
- ➡ 法の創造、法の執行、法の改正における市民の役割、権利、そして責任
- ➡ 法の変更の態様、理由、そして時期、さらにその変更の方法
- ➡ 紛争解決と問題解決における法の役割とその限界

この章の残りでは、それらのいくつかの論点について、「法とは何かの理解」、「法の本質」、「人々のプロセスとしての法」、「法と法的手続」、「法の限界」の見出しのもとで、きわめて詳細に取り扱うことにします。

法とは何かの理解

法とは何かの理解は、辞書の定義の暗記からもたらされるもの、すなわち、「規則の集合、公的に制定法として議会を通過したもの、または国家や共同体が、それらの構成員を拘束するものとして認識している慣習法といった規則」ではありません。こうした法とは何かの理解は、幼い子どもたちからでも始められるかもしれません。子どもたちは、法が文脈の中でいかに作用するのかを見ることによって、すなわち法の機能を観察することによって、法とは何かを理解するようになるのです。法は、社会において人々を規制するために社会によって用いられる道具です。民主主義的社会においては、その法を通す立法者自身さえ法に支配されます。

そうはいっても、社会の異なる人々は、法が果たす役割に異なる視点をもっているかもしれません。ビクトリア大学の法学教授であったジェイミー・キャッセルズ（1982）は、この点を指摘します。

> 一部の人々にとって、法は単に論争を解決するために作られた積極的な規則の声明にすぎない。他の人々にとっては、法は紛争解決のための規範的な処方と手続的な方法を提供するのと同時に、行動の指針となる。より広い視点では、法は規則、手続、制度、そして人々を含む相互依存的な変数からなるプロセスを意味する。法は社会政治的な声明でもある。規則は社会的、経済的および政治的基盤ならびに機能を離れて

は存在しない。政治的哲学の反映として、法は、政治的、社会的、そして制度的な優先順位の観点から、社会における関係性の順序と性質を規定する。法は、社会的地位や経済的地位のヒエラルキーを作り出すといった方法で、私たちの行動を規制する。たとえば、私的財産を尊重し、その貯蓄と維持を促す制度は、不均衡な財の分配を必然的な所与の前提として扱うだろう。対照的に、もし財産が等しく共有されるための公的資源とみなされるとすれば、法は、その考え方に従って、物を分配するために働くだろう。この文脈において法は単に法的概念ではない。政治的または社会的概念なのである（p.19）。

法は、協力を引き出したり、強制したりするための手段、つまり、コミュニケーションやコントロールのための手段とみなされることがあります。人が、どのように法を定義づけるかは、ある程度、その人の哲学的視点や政治的信念によります。子どもたちも十分に理解できるぐらい単純なことですが、法の見方には様々なものがあるという事実は、子どもたちに伝えなければならない重要なコンセプトです。ハート（1961, p.6-13）は、法について学ぶ最良の方法は、次の3つの重要な問題と法との関係を調べることであると述べています。

➡ 法は、どのような点で威嚇に裏打ちされた秩序と異なり、そして関係するのか？
➡ 法的義務は、どのような点で道徳的義務と異なり、そして関係するのか？
➡ ルールとは、何であって、法は、どの程度ルールに関連する事象なのか？

ハートがあげる論点は、学校の非公式なカリキュラムを通じて行われる学習にとっても重要です。あるいは、相互尊重についての信条は、実施できるようにするためのルールとして書き起こされなければならないでしょうか。たとえば、ルールは、一般に有されている道徳原理に基づいて確立されるのでしょうか、それとも、実行のための威嚇に依拠するのでしょうか。

法の本質

法は、容易に定義づけることができませんが、法に影響を与える要素は特定できます。法は、（子どもたちが思っているような）決して変わることのないルールではなく、むしろ、社会の目的や目標、そして価値観の変化に応じて、さらに時代

に応じた法の変化を書き、解釈する人々に応じて進化し、順応するものです。一世紀前、「コモンロー」(1881) において、オリバー・ウェンデル・ホームズは、次のようにまとめました。

> 法の生涯は論理的ではない。それは経験である。感覚的な時代の要請、広く普及した道徳や政治学理論、公共政策に関する直観、公言や無意識、裁判官同士が共有する先入観さえ、人々が律せられるべきルールの決定における三段論法よりも多くのルールを決定してきた。法は、いくつもの世紀を通じて国家の発展の物語を具体化していて、それが、あたかも数学書の公理や推論にすぎないかのように扱うことはできない。

子どもたちには、法を理解するために法を見るよりも、むしろ、まず私たちが社会として大切にしてきた価値観、信条、そして願いの反映から得るものがあり、そして、それらがいかに法の中で反映され、なぜ法が社会の「鏡」と呼ばれるかについて理解するでしょう (Waddams, 1987)。法が機能するためには、社会一般の態度に大きく遅れることはできないし、早く動きすぎることもできないのです (p.16)。法は、恐怖のためでも、それらが書き起こされているからでもなく、それらがすでに何が正しくて何が間違っているかの社会的価値の判断を反映しているから守られるのです。たとえば、「隣人を愛する (大切にする/尊重する)」という社会的価値観は、しばしば引用される1932年のドノヒュー対スティーブンソン・ケース民事判例に見られるように、「隣人を傷つけてはならない」という、次のような法的原理に反映されているのです。

> 隣人を愛さなければならないというルールは、法においては、隣人を傷つけてはならないというものとなる。隣人を傷つけかねないと合理的に予見できる行為を回避するために、注意を払わなければならない。それでは、法においての私の隣人とは誰なのか。その答えは、——私が自分の内心を、疑問を投げかけられる行動に向けているときに、私の行動によって、密接に、そして直接的に影響を受けるために、影響を受ける者として、当然、念頭に入れておかなければならない人々だと思われる。

この有名な判例からの直接の引用は、小さな子どもたちに法について教えるための適切な戦略ではないかもしれませんが、それでも、すべての年齢の子どもたちは、(名誉毀損および侮辱法や偽証罪に反映された) 真実を述べる必要性、(暴行法あるいは交通規則に反映された) 個人の安全の重要性、(人権法や、家族と子どもに関する

立法に反映された）特別な個人として尊重されたいという要求、そして（公平な裁判官による聴聞を受ける権利と自分の意見を表明する権利に反映された）公正性の尊重を正しく理解します。子どもたちが、自分たちにとって大切だと思うあらゆる価値が、法において、さまざまな手段で明示されているでしょう。これが、子どもたちが法について学ぶ出発点となるのです。

　しかし、法と道徳は相互に関係していますが、子どもたちの法に関する理解が洗練されていくと、彼らは法と道徳が同じではないことを学ぶことになります。たとえば、法は、恣意的に作られ、あるいは一人か数人の専断的な決定に基づくことがありえますが、道徳は違います。道徳は、さまざまな方法で法に取って代わることができるし、実際にもそうしています。テイラー（1968年）は、この関係を探求する試みの中で、次のように述べています。

　　（人々は）ときどき、そして実際にはしばしば、法が命令することをする、または禁止していることを控える道徳義務を感じるが、これは法と道徳が、その点で重なり合っていることを示すにすぎない。法はその存在と根拠に関し、決して道徳に依拠しない（p.11）。

　マスコミは、誰かの信条と法が衝突した事件について、毎年、報じています。伐採道路の封鎖は、環境保護主義者の、より大きな関心に基づく法との衝突の一例です。あるいは、私たちは、妊娠中絶論者が、より大きな悪が行われていると信じて、中絶クリニックの周囲の保安区域を侵害しているのを目にします。

　法は、別の意味でも道徳とは異なります。法は、専制政治の道具として、あるいは、民主主義の中での生活に期待される基本的な自由を強化するための道具として使われるのです。かつての南アフリカにおけるアパルトヘイト体制は、多数をコントロールし続けるために少数の者によって法が使われた一例です。ヒトラーは法を、自分の意思を強化し、その過程であらゆる人間の基本的な価値を踏みにじるために用いました。民主主義においてさえも、法は、すでに権力を有する者によって、その権力と特権を維持するために、そして無力な者や、貧しい者、そして公民権をはく奪された者へのアクセスを拒絶するために用いられていると主張する者もいるでしょう。

　法と道徳に関する論点は、子どもたちとの議論での、いくつかの興味深い点を浮かび上がらせます。たとえば、私たちの社会において、私たちは、ガン

ディー、サハロフ、あるいはワレンバーグのような人々を、自国の国の法に従わず、他人のために自らの命を危険にさらした英雄として尊敬します。その一方で、カナダの歴史書はルイス・リエルを好意的には見ていません。彼は、法に従わず反逆者として絞首刑になりました。今日のすべてのカナダ人が、漁業活動を保護するためのフェリーの違法な封鎖を支持するわけではありませんし（アメリカ／カナダ人「サケ戦争」）、自分たちのメッセージを伝えるために木々を釘で固定する環境保護主義者に賛成しているわけでもありません。シーク教徒が、在郷軍人会を訪れる際にターバンを取るように求めた規則や、警察官の制服の一部として帽子をかぶるように求めた規則に抵抗したときに、私たちが目にしたように、多数派の決定がある集団の信条システムに反するときのマイノリティの権利についてはどうでしょう。この論点は、しばしば、子どもの権利に関する国連憲章のように、あらゆる社会において、すべての個人に適用され、法として執行されるある種の基本的な権利が存在するかどうかという形で、子どもたちに取り上げられます。小さな子どもたちでさえ、年齢にふさわしいレベルで、そうした類の論点に取り組むことができますし、すべきなのです。

　この議論の中で暗示されているのは正義（道徳的用語）と法との関係です。私たちは、私たちを統治するために選挙で選んだ人々、裁判所警備官、警察官、保護観察官などを含んだ「司法システム」をもっています。多くの人々は、実際に彼らが行うのは法の執行にすぎないのに、「正義」の執行をすべきであると信じています。彼らは、法と法の規定によって拘束されているのです。市民の多数が、法を適切でない、制約的すぎる、あるいは無効であると判断すれば、法が見直される必要があると政治家に伝えるのが有権者の義務です。政府がそうした行動を渋れば、通常、裁判所は、多くの人々が、公平性を欠く、あるいは「正義に反する」と感じるような判断をすることによって、変化を促すための活路を見出します。そうした判断は、人々の間にそうした道徳的な憤慨の感覚を生み出し、政府は行動に移したり、法を改正したりせざるをえなくなるのです。こうした状況は、家族で経営する農場で数年働いた農夫の妻が、資産が彼女の名義でなかったために、離婚の財産分与において極めて少額しか得られなかったというイレーネ・マードック・ケースでも起こりました。この判断に対する怒りは、家族法の改正をもたらしました。

人々のプロセスとしての法

　民主主義国家における法は、（法律の専門家と一般人の両方の）人々によって策定され、施行され、執行され、そして改正されるということを、子どもたちが理解するのは重要です。ケベック州上位裁判所の故デシェネス判事（1979年）は、人権と正義の問題について幅広く論文を執筆しましたが、その中で、「法は人々のために作られ、人々が法のためにあるのではない」のだから、法の適用にあたっての柔軟性は、社会の必要性を満たすために重要であると説いています。似たような文脈で、カナダの前司法大臣は、司法と立法の両方が、法の先に目を向け、社会正義が行われているかを見なければならないと示唆しました。彼は教師らへの講演の中で次のように述べたのです。

　　あらゆる法と手続は、たとえどれほど完全であっても、それが実際に適用されるように絶え間ない解釈を必要とします。そして、実際に、法を解釈し、適用する人々は、書かれた規則の先にある、法が目的とする正義の観念に目を向けることが欠かせないと考えています（MacGuigan, 1983, p.11）。

　「平均的な市民」もまた、法の策定と実際の適用に、直接的に、あるいは間接的に充分なインパクトを与えることができます。民主主義社会においては、市民が、法を通じて政策を立てる立法者を選びます。そして、市民は、さまざまな論点について選挙で選ばれた政府のメンバーと意見交換を行います。しばしば、立法者に最も大きなインパクトを与えるのは、多数派の人々が沈黙し続ける中で、組織化された、声の大きい少数派であったりします。もし、法が「私たちの法」とみなされるのであれば、市民はその法に対して、より大きな責任を引き受けることになるでしょう。トーマス・バーガーは人々に次のように促しました。

　　法について、そして社会制度について懐疑的でありなさい。それらは全て改良できます……。これが本質的な自由社会です。私たちは、言論の自由を享受しています。私たちは批判することができます……。衰退した社会とは違い、それ（批判）は、社会を強くするのに役立ちます。自由社会においては、みんなが自分の考えを重要と思わなければならないし、もし、彼／彼女が、そうした考えについて大勢の賛同を得られれば、こうした視点は広く普及することになるでしょう（Berger, p.19）。

子どもたちでさえ、立法者に影響を与えることができるし、私たちがもつ法の種類の決定に役立つことができるのです。たとえば、アジアの労働搾取工場で働いている子どもたちの苦境と、子どもに対する労働法の改善に向けた国際的な関与の必要性に世界的な注目を喚起した13歳のオンタリオの少年を見てください。もし、教師が積極的に子どもたちをサポートし、コミュニティや学校の主導で、効果的に作業するために必要なスキルを子どもたちに提供する援助をすれば、子どもたちに変化をもたらす機会は多くなります。最近のブリディッシュコロンビア州における社会科の授業を受ける子どもたちに関する研究（Bognar, Cassidy & Clarke, 1997）は、投票への関心の低下と同様に、自分たちがコミュニティーに積極的に影響を与えることができると、子どもたちが信じる傾向が、過去8年以上に渡って低下していることを示しています。これらの結果は憂慮すべきものですが、法に関連する積極的な教育プログラムによって打ち消すことができるでしょう。

　子どもたちが、関わることの力、法をつくることの重要性、そして変化をもたらすための方法を学ぶ最も重要な手段は、さまざまな学校や共同体の決定または取組みに実際に参加してみることです。私たちは、実行することで——すなわち、私たちの現実の生活場面で、それらのスキルやプロセスを実践し、私たちの知識を試すことで——一番学べるのです（Dewey, 1916）。残念ながら、さまざまな理由から、カリキュラムに関して言えば、学校とコミュニティは上手く統合されていませんし、コミュニティに参加する機会は、子どもたちにほとんど提供されていません（Bognar, Cassidy & Clarke, 1997）。教室や学校は、主に子どもたちがクラスや学校に関わるプロセスを通じて——すなわち、教師や校長先生が認めた「民主主義的な」（あるいは「非民主主義的な」）活動と、生徒に与えられる「権限」の程度を通じて、意思決定、統治、そして立法について学ぶ機会を提供します。実践的な民主主義原理（あるいは、そうしたものとは反対の原理）に基づいて設計された学校は、子どもたちに、強力な学習の機会を提供します（Zukerman, 1997; Giroux, 1988; Gutmann, 1987）——それは、政治的、法的な変化をもたらす方法を教科書で学ぶよりも、ずっと効果的なのです。

法と法的手続

　法の変化を確認するためには、今日の法を昨年の法と比較するだけで足ります。たとえば、カナダの女性は、20世紀になるまで投票の権利が与えられていませんでした。監獄の待遇は、かつてのそれほどには過酷ではありませんし、最近では個人と少数派集団の権利を保護する多くの法が成立してきました。しかし、私たちが法の「現在と未来」を見るとしても、次のような鍵となる問題が投げかけられねばなりません。

- ➡ 法は、時代を適切に反映しているか？
- ➡ 法は、世論を導くべきか、それとも世論に従うべきか？
- ➡ 法は、常に多数派の希望を反映すべきか？

　たとえば、世論調査は、市民の多数が、末期患者の自殺ほう助を禁止する法律の廃止を望んでいることを示しています。立法者は、そのような争いのある論点について行動したがらず、法をそのままにしておくことを選択しています。誰が正しいのでしょうか。そして、このような判断は、どのようになされるべきなのでしょうか。法は、とても「緊密に社会の仕組みに織り込まれているので……あらゆる社会を曲げることと組み立てることは法の基本構造における一貫した反応を引き起こす」(Deschenes, 1979, p.5) のです。しかし、立法者あるいは司法による変更は、通常、法について急激には生じません。法システムは、本質的に、長年の伝統と実践に基づく保守的な制度であり、時代の試練を経たルールに基づいて作られるのです。変化は、通常、一致した努力の後に、関与者それぞれによるインプットの結果としてのみ生じます。ロイド (1970) は、私たち全員が、法の人類文化へのインパクトに関心をもち、

　　……法をその時代の社会の実態にあわせるために、(法の) イメージを絶えず磨き続け、輝きを保ち、そして、絶えず再分析を行う (p.327)

必要があると述べています。

　本質的に「保守的」な法の性質は、厳密な手続に焦点を当てたときに、最も明らかになります。特別法が改められようとしているときでさえ、法にきわめて強

い安定性と確実性をもたらすのは、この点を重視することなのです。司法的解釈や世論のように、法に影響を与えるものは他にもありますが、法的手続は概ね一貫しています。法は、それを運用する者たちの恣意を超えたものとみなされなければならないので、この厳密な手続への焦点は、公的な信頼を担保するのに役立ちます。この点では、全員が、公平な裁判所の前で聴聞を受ける権利、自身の起訴につき告げられる権利、弁護士をつける権利、疑わしきは有利に判断される権利、守られることが約束される真実を明らかにする意思、有罪が証明されるまで無罪が推定される権利といった同じ手続——一般にデュープロセスと呼ばれる手続を保障されねばなりません。キャッシュ（1983）は、「方法論に対するこのような関心は、明確な手続的手順を明示することによって、間違った結論に至る、あるいは無実の人に有罪判決を下すリスクを（法が）最小限にすることを基本とした法の支柱の一つである」(p.10) と述べています。

小学生の子どもたちは、いくつかの基本的な法的手続を、模擬裁判や模擬審理、他のシミュレーション活動を通じて学ぶことができます。「法を行う（doing law)」ことで、子どもたちは、適正手続の意義や重要性を学び、討議、聴聞、理由づけ、オーラルコミュニケーションを含めて、法に関するスキルを磨き——そして、その過程を楽しみもするのです。

法の限界

最後の点として、子どもたちが、社会における法の役割の限界を知ることも重要です。私たちの社会には、——まるで、より多く法を通しさえすれば世界はよりよくなる！とでもいうかのように——法を社会の「救世主」とみなす傾向があります。多くの者が、——校内暴力、少年犯罪、他人に対する不寛容、公害、ホームレスの問題は——より多くの法律を通し、より厳しい罰則を与えることで、すべて解決できると考えるかもしれません。しかし、法は、社会的問題を解決するのに役立つ多くの手段の一つにすぎないし、しばしば、最善の手段でもないとみなされなければなりません。

紛争を解決するために法や裁判システム以外の方法に頼るべきもっともな理由があります。たとえば、法を制定することは、コミュニティが結束して、問題の本質に取り組む必要性から注意をそらしてしまうかもしれません。あるいは、社

会福祉組織、教会組織、または学校が、よりよく必要性に応えることができるときにも、法執行官が介入するかもしれません。たとえば、貧困、病気、あるいは無知を理由に、社会を激しく非難する者は、法的システムによっては助けられないでしょう。彼らに必要なのは、治療と支援です。

　裁判所が紛争解決のメカニズムとして使われる場合、解決には至るかもしれませんが、根本的な対立はそこに残されるかもしれません。たとえば、裁判所は、家主に対して、マンションを借りたいと思っている子連れの家族を差別的に取り扱うことは許されないと決定することはできるでしょうが、この法は、より貧しい家族にとっての住宅危機を解決しないし、その家主の態度を変えることもできません。他人に差別される人々が、高額で、冷たい司法システムの標的になり、救済を求めることができないということもしばしばです。同様に、裁判所は、強盗に、拘禁刑を言い渡すことはできますが、その犯罪の被害者に金銭的な保証をすることはできませんし、犯罪者が強盗を選んだ根本的な原因を探ることもありません。他にも、法は目下の紛争を解決するかもしれませんが、根本的な原因やあるいは長きにわたる問題は解決できないし、社会に調和をもたらすこともできないのです。

　場合によっては、裁判所は、問題を悪化させることもありえます。私たちの司法制度は、対審構造を基礎にしているので、争点について二つの主張が行われますが、通常、一方のサイドだけが勝ちます。他方で、調停（および、それ以外の非訟手続）では、紛争の関係者が不和を解決するプロセスに参加することにより、より人間的な紛争解決手段が示されます。歴史上の偉大な調停者であり、プロの法律家でもあったマハトマ・ガンディーは、法の限界を知り、法的解決を超えていこうとしました。長い時を経て、最終的には奮闘が実り、仲裁（法廷の裁定によらないもの）を達成したガンディーは、その実践の早い時期に、次のように述べました。

どちら〔の集団〕も、その結果に満足し、どちらも公的な評価を上げた。私の喜びはこの上ない。私は、法の真の実践を学んだ。私は、人間の本性のよりよい面を見出し、人々の心に入り込むことを学んだ。私は、法律家の真の役割は、感情に突き動かされてバラバラになった集団をまとめることにあると気づいた。この教訓は、消えることなく、私の心に焼きついているので、法律家として活動した20年間、私の時間の大部分は、何百の案件について民事的な和解をもたらすことに占められた。その結果、私は何も失わなかった——お金も、そして、私の魂さえも（pp. 87, 88）。

ガンディーは法の弱さを認めています。法の限界は、認識すべきであり、そうでなければ、法が行うには不適当な課題に取り組むことが法に求められたり、法が過剰に必要とされたりすることになるでしょう。

まとめ

ここでは、小学校の年齢の子どもたち向けの法に関するカリキュラムをつくるときに考慮されるべき、法についてのいくつかの基本的な理解について述べてきました。扱う論点の複雑さは、もちろん、子どもたちの年齢とプログラムの長さや深さによります。教師が子どもたちに伝えるべき重要なことは、以下のようなことです。

- ➡ 法は、私たちの社会が機能するために、そして、私たちが人生を歩むために、不可欠であるということ
- ➡ 法は、私たちの日々の暮らしから切り離せない——すなわち、それは私たちが信じていることや、みんなにとって重要な価値感を反映しているということ
- ➡ 法は、本の中にみられ、人々の影響を取り除いた一連の概念的な規則ではないということ
- ➡ 法は、社会の病をすべて解決するために頼ることはできないし、頼るべきではないということ
- ➡ 法は紛争解決のための一つの手段を提供するが、他の手段のほうがより効果的で持続的な場合もあるということ
- ➡ 人々は皆、法の前に平等に扱われるべきであり、「司法」にアクセスできるということ

参考文献

Bognar, C. J., Cassidy, W., Clarke, P. (1997). *Social Studies in British Columbia: Results of the 1996 Provincial Learning Assessment*. Victoria: Ministry of Education, Skills and Training, Province of British Columbia.

Cassels, J. (1982). *Legal Process Casebook*. Victoria: University of Victoria, Faculty of Law.

Deschenes, C. J. (1979). *The Sword and the Scales*. Toronto: Butterworths.

Dewey, John. (1916). *Democracy and Education*. New York: The Free Press.

Ghandi, M. T. (1948). "An autobiography: The story of my experiments with truth." In J. C. Smith & D. N. Weisstub (Eds.) (1983), *The Western Idea of Law*. Toronto: Butterworths.

Giroux, Henry. (1988). *Schooling and the Struggle for Public Life: Critical Pedagogy in the Modern Age*. Minneapolis, MN: University of Minnesota Press.

Gutmann, Amy. (1987). *Democratic Education*. Princeton, NJ: Princeton University Press.

Hart, H. L. A. (1961). *The Concept of Law*. Oxford: Clarendon Press.

Katsch, M. E. (Ed.) (1983). *Taking Sides: Clashing Views on Controversial Legal Issues*. Guilford, CT: Dushkin.

Kindred, H. (1979). "The aims of legal education in high school." *Canadian Community Law Journal, 3*, 20-25.

Laskin, The Honorable Mr. Justice B. (1977). *MacLean's, 90*(4), 4.

MacGuigan, The Honorable M., Minister of Justice and Attorney General of Canada (1983). *Remarks to the Closing Session of the People's Law Conference*. Ottawa, May 24.

McIntyre, The Honorable Mr. Justice W. (1981). "The rule of law in public legal education." In E. Myers (Ed.), *Legal Education for Canadian Youth: Proceedings of a Conference*, May, 1980. Regina: University of Saskatchewan, College of Law. Ottawa: Canadian Law Information Council, 1-6.

Taylor, Richard. (1968). "Law and morality." *New York University Law Review, 43*, 611.

Waddams, S. M. (1987). *Introduction to the Study of Law* (3rd Ed.) Toronto. Carswell.

Zukerman, Susan. (1997). *Democratic Student Involvement at the School Level: A Case Study of an Elementary School Student Council*. Unpublished master's thesis. Burnaby: Simon Fraser University.

第2章

市民参画のための教育
―― アメリカ合衆国における法に関わる教育 ――

マーブル・C・マッキニー－ブラウニング

> アメリカ合衆国（以下、アメリカ）の法に関わる教育活動は、カナダのプログラムに刺激とサンプルを与えてくれます。カナダとアメリカの法に関わるプログラムは、両国におけるその歴史にはやや違いはありますが（カナダでは、公的な法教育プログラムが学校でのプログラムにありました。）、同様の目的をもち、その目的を果たすために同様の方法が用いられています。

　多くの「革新的な」カリキュラムと同様に、法に関わる教育は、学校での変化を求めるところから出現してきました。教育実務の質を改善することによりアメリカ憲法と権利章典の理解を改善することこそが、この変化の核心とされていました。アメリカにおける法に関わる教育の歴史を見れば、学校における変化を導くプロセスや政策への興味深い扉が開かれるでしょう。

　アメリカにおける教育実務は、危機に直面することにより変化を強いられることがしばしばありました。危機の誘因となったのは、低下した学力に対するコミュニティの意識やグローバルな競争についての関心です。1990年代の教育における変化を求める声は、世界経済における継続的な競争力を強固なものにするために、アメリカにおける労働力の質を改善すべきであるというビジネス界からの圧力から生じました。この変化を求める声は、国内の至るところで暴力が増大したこと、また、公の場での振舞いに関する変化しつつある規範についての認識が広がったことにも起因していました。この改善を求める声に対する答えが、小学校・中等学校の市民や政府にも関わるカリキュラムを通じて教育の基準を確立するというものでした。

　本章では、アメリカにおける法に関わる教育の発展に目を向けます。(1)アメリカにおける法に関わる教育の歴史、(2)小学校のカリキュラムにおける法に関わる教育の目的と実践、(3)法に関わる教育のための適切な学習環境の確立への挑戦、

(4)学校というコミュニティの変化しつつあるニーズに合致するよう努力している法に関わる教育の未来を検討していきます。

アメリカにおける法に関わる教育の歴史

　アメリカにおける教育の伝統は、国民としての市民生活や政治への参加のために市民を教育する手段として学校の慣習に根づいていたので、法に関わる教育を始めることは一つの挑戦でした。カーネギー財団の前理事長としてアーネスト・ボイヤー博士は、次のように述べました。

　　　19世紀における公立学校のネットワークの確立は、民主化を強化する試みであったと言えるだろう。普遍的な教育への圧力は、個々の発展によるのではなく、国民の社会的で市民的な進歩の促進への熱望からであった。これは、自分たちの国、アメリカには、後世に引き継ぐべき豊かな財産があり、参画型政府という維持し強化すべきビジョンをもっている、という信念に基づくものであった（Boyer, Ernest,"Civic Education for Responsible Citizens," *Educational Leadership*, November, 1990）。

　アメリカの歴史と施政においては、承認され得る実務が発展するかなり前の段階では、教育者は、教育を改善する一つの方法として法を用いていました。たとえば、「法に関わる教育の父」と呼ばれたイシドール・スター博士は、1930年代の高等学校の社会教師と法を学ぶ生徒について、彼の著書で次のように述べています。

　　　その時私を驚かせたのは、生徒の考え方の関心と質に対する法に関わる議論の効果であった。……私は、社会の授業で法を用いることが、重要な対立、意思決定の性質、我々の社会における価値のヒエラルキーの探求などを扱うケーススタディに対する浅薄な教科書の解説を打破する重要な方法であると考え始めるようになった（Isidore Starr, "The Law Studies Movement: A Memoir," *Peabody Journal of Education*, October, 1977, pp.6-11）。

　実際のカリキュラムとして法に関わる教育は、1960年代初期の一連の出来事によって確立されたと言えるでしょう。1962年、当時の社会科学会副会長であったイシドール・スター博士は、権利章典を教育するプログラムを発展させるため、

社会科学会が自由権教育財団（the Civil Liberties Educational Foundation）に加わることを強く勧めました。このパートナー関係の成果の一つが、ヴァージニアのウィリアムバーグでの教師のためのワークショップでした。このときに、ケーススタディを用いた権利章典の研究の枠組みが作り上げられたのでした。その次の重要な出来事としては、1962年の社会科学会の年次大会で、社会科教師に権利章典について教えるよう訴えかけた、アメリカ最高裁判所陪席裁判官であったウィリアム・ブレナンによるスピーチをあげることができるでしょう。これに続き、ブレナン判事は、ウィリアム・O・ダグラス判事とともに地元の名士と会合をもち、学校でのこの変化をもたらす方法を議論しました。法曹関係者、教育関係者、市民団体のリーダーらがこの会合に参加しました。会合は、権利章典についての効果的な教育を国の優先的課題とすることを約して閉会となりました。

　1963年と1964年には、権利章典の教育を推進するためのワークショップが、アメリカ国内のいたるところで開かれました。カリフォルニアのロサンジェルスにある、憲法上の権利に関する財団（the Constitutional Rights Foundation）や、自由社会における法（the Law in a Free Society；今日では市民教育センター（the Center for Civic Education）として知られています）、シカゴにある、アメリカ社会における法プロジェクト（the Law in American Society Project）などの団体がこの運動を先導するために設立されました。これらの団体の運動が、法に関わる教育として知られているものの重要な側面を形作る道を作っていきました。これらの団体のリーダーは、1970年にカリキュラムの改善の支援を求め、アメリカ法律協会に接触しました。権利章典の教育の推進という課題は、かなり特異で、先例のないものであったにもかかわらず、アメリカ法と法システムの市民の理解を改善するという点で、アメリカ法律協会は、法に関わる教育に関心を示しました。アメリカ法律協会の関わりは、当時の同協会会長レオン・ジャオスキーが若者のための市民権に関する教育のための特別委員会を設置した1971年に始まったと言えます。特別委員会は、国内の学校での法および法システムに関する教育を支援し改善することに取り組みました。この任務を遂行するために、同協会とともに働く専門的なスタッフが雇われました。1973年から1984年にかけて行われた一連の地方での会議では、同協会は、法に関わる教育の重要性を議論し、学校におけるこのプログラムの確立のためのパートナー関係を発展させるために、法曹界と教育界からリーダーたちを集めました。現在もなお存続している州や各地域の法に関わる

プログラムの多くは、これらの会議に端を発すると言えます。アメリカ法律教会は、公立学校教育のための部署を通して市民および法に関わる教育における質の向上を行うため小学校および中等学校教育に携わる教師をサポートし続けています。

法に関わる教育は、その歴史を通してみると、学校における公民教育に重要な方向づけをしてきました。法は、政治、政府、歴史、公共政策や市民参画といった公民教育の各要素をつなげる「接着剤」として機能するのです。法に関わる教育の顕著な特徴は、現実世界での経験、協力的で参画型の学びの機会、そして法曹関係者や教育関係者との広範な交流にあります。法に関わる教育者らは、小学校、少年院等の施設や有色人種のコミュニティへと普及活動を広げ改善することから、学校における薬物防止や暴力防止プログラムといった要望に即してカリキュラムを作ることまで、カリキュラムの質の向上に目覚ましい貢献を果たしてきています。

小学校における法に関わる教育の実務

法に関わる教育は、中等学校においては、「アメリカの歴史とアメリカの施政」というカリキュラムの充実と選択的なコースを通して定着したように思えます。小学校での取組みは、もっと難しいものでした。1978年、アメリカ法律協会は、人文学国立財団から、法と人文学を小学校で教育するモデルに寄与したとして賞を受賞しました。アメリカ法律協会の構想は、「民主的に秩序づけられた社会の市民となる者として、幼い子どもたちに、道徳的に、創造的に、効率的に生きることを教育するために選ばれ構成された一連の体験を子どもたちに提供する様々なカリキュラムを学校が作り出すことができるように設計されて」いました。

この構想に参加するために7か所の地域がアメリカ国内から選び出されました。それぞれ、小学校のための異なるモデルを発展させたものでした。たとえば、ある地域では、子どもたちはクラス内で仮想の町を作ることが求められました。町を建設し始めながら、子どもたちは、地域の活動や公共政策を左右するような多くの法的な問題に直面しました。子どもたちは、公正かつ公平な「町の」資源の分配を維持することに取り組みました。人が人間的に、協和して共生する

空間をどのように設計するかについての意思決定をすることが、このプロジェクトの暗に示されたゴールでした。他の地域では、6年生の子どもたちによって政府を作ることに焦点があてられました。子どもたちは、2年生のグループと3年生から6年生で構成されるグループを統治するように分けられました。学校長のリーダーシップのもと開かれる会議に出席する代表を各クラスから送り出します。子どもたちは、積極的に学校というコミュニティのためになされた意思決定に貢献するようになりました。このプロジェクトは、学校の雰囲気の改善と学校の「隠れたカリキュラム（hidden curriculum）」の検討に直接的に取り組むものでした。この学校では、民主主義的な価値や方策が奨励され、それらが実践されたコミュニティが真に作り出されました。

　法と人文学のプロジェクトのもっとも重要な成果は、小学校の学年に応じたカリキュラムの展開を導く学びの連続を発展させたことでした。このプロジェクトの指導者であった、シャルロット・アンダーソン博士は、この連続を表現する際に、以下のように、指摘しています（Anderson, Charlotte C."Promoting Responsible Citizenship Through Elementary Law-Related Education,"*Social Education*, May, 1980, pp.382-87)。すなわち、「これは、多様化し多元化した文化における市民参画についての重要なスキルを成長させる。この連続は、促進的で参画的な法のダイナミックな性質を反映しつつ、方向性が定められた行動である」と。

　市民権の役割に関係したスキルや内容の複雑に連動したものを小学生に教えるために、このプロジェクト、そしてその成果の連続が、法に関わる教育が有する可能性にスポットライトをあてる一助となったのです。

子どもたちの従前の様子		子どもたちのその後様子
法を、制限的で、懲罰的で、普遍的で、影響の及ぶ人々のコントロール外にあり、理解を超えたものとみる。	⇒	法を、助長的で、促進的で、理解可能なものであり、変化しうるものと理解する。
人を、法や社会市民的な制度の前では力のないものとみる。	⇒	人を、社会秩序をコントロールし、役立つことができる能力をもつものとみる。
善悪の問題は一般人には理解できないとみる。	⇒	善悪はすべての市民が取り組むことができる問題とみる。
社会問題を簡単だと思う。	⇒	社会問題に固有のジレンマを理解する。

衝動的に意思決定を行い、無思慮な約束をして問題を解決する。	⇒	思慮ある意思決定を行い、信頼できる約束をして問題を解決する。
なされた約束やとられた立場について不明瞭である。	⇒	なされた約束やとられた立場について理由を示して説明することができる。
強制的または破壊的な方法以外で対立に対処することができない。	⇒	社会的に責任をもって対立に対処することができる。
権力に対し無批判に反抗的である。	⇒	不当な権力に対して批判的に反応する。
法律問題や法システムについて無学である。	⇒	法、法システムおよび関連する問題についての知識をもっている。
利己的で、自己中心的で、他者に対して関心がない。	⇒	共感しやすく、社会的に責任感をもち、他者に対して思いやりがある。
倫理的な問題に答えるのに、倫理的に未熟である	⇒	倫理的で道徳的な問題を扱うのに分別のある判断をすることができる。

法に関わる教育の連続

　小学校の法に関わる教育を行う教室は、市民の役割に関わる複雑なスキルを学ぶ一連の機会を子どもたちに提供します。学ぶべきスキルとそのスキルが用いられる状況の双方に注意が向けられます。

　典型的には、小学校の法に関わる教育プログラムには、二つのカリキュラムがあります。一つは、カリキュラムを通じて法に関わる教育に関する知識とスキルを融合していくものです。たとえば、国語には、法に関わる内容に取り組む機会が豊富にあります。「読者の劇場（"Reader's Theatre"）」では、子どもたちは、正義や権威のような複雑な法に関わる論点を描く劇を用います。児童文学は、幼い子どもたちの限られた経験を、物語を通じて広げる手助けをする方法としても使われています。そのような物語は、小学校の教室では、ケーススタディのための基礎を作ってくれます。この方法は、子どもたちが善悪や損害と賠償の意思決定をするためにケースの物語を批判的に検討するとき、分析や統合、評価のスキルを駆使させることになります。

　法に関わる教育はまた、問題を解決する際に機能する能力を生かす機会を提供します。たとえば、ある小学校の4年生の子どもたちは、学校の前の道を横断す

るのに困っていました。子どもたちは、交差点に信号を設置してもらうための手続を理解するために市の職員に学校に来てもらい、学校で問題について議論しました。子どもたちは、道の横断時に経験した問題についての証拠を示さなければならないだろうと言われました。道を横断する子どもの数と開校期間における問題となっている時間の交通量に関する情報を集めることも必要とされました。子どもたちは挑戦することになりました。子どもたちの主張を支持する結論を引き出すデータを分析し、市議会にこれを報告すれば、この活動は完全なものとなります。意思決定のためのデータを集め、立証することは、算数の意義を「現実の生活」のなかで示すことへと繋がりました。情報や手続という力は、これらの幼い者たちが自分たちのコミュニティで問題を解決するのにその知識とスキルを使ったときに、彼らにも鮮明なものとなったのです。

　もう一つのカリキュラムは、意味深い学びの体験において知識とスキルを用いるために実験室としてそのコミュニティを小学校が利用するものです。たとえば、裁判所と審理について学んだ後に、子どもたちは、訴訟における法システムを見るために裁判所を訪れ、そこで働く人々と会うことができます。また、コミュニティにおいて、ある問題を特定したり、同じ問題に取り組む他者と繋がりをもったり、解決策を考えだし、実行するのを手助けしたりすることに従事させるような社会事業プロジェクトと連携して働くこともできます。さらに、小学校での紛争の解決の仕方を地域のメンバーから教えてもらうこともできます。そして、特殊な専門家であったり、特殊な経験のある地域のメンバーを教室での議論に招くこともできます。法に関わる教育は、ある特定の地域に基づいた活動がいかに学びを深いものにしてくれるかを教師に見直す機会を与えてくれます。育成されるべき知識、スキル、姿勢を習得することにおいて、そのような活動がどんな役割を果たしているのかを理解すれば、教師は学びに結びつく体験を作り出すことができるようになるでしょう。

　このような法に関わる教育の連続は、小学校における法に関わる教育の基準を確立するすばらしい指針を示し続けています。既述の活動は、進行中のカリキュラムを豊かにし、拡大することに焦点をあてつつ、法に関わる教育を用いる機会を教師に与えてくれます。そのような活動をすることは、教室での経験をコミュニティに繋げるだけでなく、子どもたちに学んだことを自分自身のものとするようにし、達成したということを認識させる方法でもあります。子どもたちは、自

分たちの考えや意見が評価され、事実を示しつつその意見を他者に知らせることを勇気づけられるので、これらの経験を通してその能力を身につけるのです。

　法に関わる教育におけるカリキュラムの発展のための他の重要なツールとして、『法に関わる教育の真髄（"Essentials of Law-Related Education"）』があります。アメリカが1990年代に教育基準の改善に打ち込むようになった時から、法に関わる教育者らはともにその実践を検討し、目標を再考してきました。この活動の結果が『法に関わる教育の神髄』であり、学校における法に関連した教育を定義づけるカリキュラムの内容や教授法を明確に表すためにこの努力を反映させ、出版されたものです。この『真髄』では、法に関わる教育の実践における四つの側面があげられています。すなわち、本題、教授方法と内容、スキル、姿勢・信念と価値の四つです。

　真髄といえる本題は、民主主義を中心においた概念の研究です。たとえば、子どもたちには、民主主義の実践のために、正義、権力、平等、財産、そして自由の性質と重要性を理解する機会が与えられなければなりません。さらに、市民と社会の関係、政府の役割、民主主義的な社会というゴールを達成するにあたっての理想と現実の緊張関係も学習しなければなりません。真髄といえるスキルとは、思考方法や理知的なスキル、コミュニケーションスキル、社会参画スキルなどです。真髄といえる教授方法とは、子どもたちを中心とした、相互作用のある、経験的な、参画型のものです。真髄といえる姿勢・信念そして価値とは、憲法上の民主主義、法規、人権の尊重、知らされるべき市民の責任、市民生活への積極的な参画への子どもたちの関わりを支援することです。法に関わる教育の範囲は広がり続けるのですが、この『真髄』では、法に関わる教育として定義されるプログラムとカリキュラムの質と影響を評価するためのツールが用意されています。

学習環境の重要性

　法に関わる教育に際しては、当初から、内容と学習環境に対してバランスよく注意を払うように努めてきました。教師は、このカリキュラムを通して積極的に学ぶ体験に従事する機会を子どもたちに与えることが求められてきました。最善の環境を得るために、教師は、自らの役割をファシリテーターのようなものとし

てみるようにしなければなりません。学習段階が進めば、子どもたちと教師との間で権限が分配されます。たとえば、認め、受け入れることが奨励されるような集団的で思慮深い分析に子どもたちが取り組む段階を通じて教室内でのルールが作り出されることもあります。

　法に関わる教育カリキュラムを通して教えられる民主主義的な実践を反映し、重要視する教室内の環境を作り上げることは、重要なポイントです。小学校での法に関わる教育がなされる教室では、以下のような要素が、これを促進してくれます。

(1) 主体的で積極的な子どもたちの参画の機会
(2) 子どもたちが見習うべき行動をする大人のロールモデルの存在
(3) 公式または非公式のカリキュラムがそれぞれ同じ学習目的に向かって作用することを確保するための二つのカリキュラム間のバランス
(4) 発展に応じた適切な方法で社会的、政治的、文化的な子どもたちの経験に基づいて作る公式および非公式のカリキュラムに焦点を当て続けること

　したがって、小学校の法に関わる教育がなされる教室は、民主主義が学校生活を通して意義あるものとされ、実践されているコミュニティの文化を作る場所なのです。教師は、バランスよく、適切に、接触を保つ方法で、教室をコミュニティに開放することが奨励されます。子どもたちは、学び、そして、意思決定をし、問題解決をする際に協力しあって作業する責任をもつことが奨励されます。

小学校での法に関わる教育の未来

　一般的な法に関わる教育の未来、そして、より個別的な小学校におけるその教育の未来は、学校というコミュニティに対する変化しつつある要求を通じて読みとることができるでしょう。アメリカにおける学校は、その社会に浸透している暴力という文化に対処できることが求められています。学校は、薬物、アルコールやタバコの使用に関する情報を与え、それらを手にすることを思いとどまらせることが求められています。学校は、変わりゆくコミュニティの規範や価値を作り出し、それらを促進することが求められています。法特有のダイナミックさが、そのような様々なカリキュラムへの要望に対する対応に焦点をあてるための、一つのあり得る、そして重要な媒体の役目を法がすることを可能にするので

す。

　四つの新しいプログラムの傾向が、法に関わる教育カリキュラムにおいてここ数年間で現れ、形作られてきました。まず第1は、メディエーションと対立解決（conflict resolution）を法律の世界から「借り」、暴力の減少と教室の管理のための媒体として学校によって「採用してもらう」ことです。第2に、教室内で交流をし、コミュニティを作るためのツールとして、学校での協同的な（小さなグループでの）学習に再度スポットライトをあてることです。第3は、アメリカにおけるボランティア精神を求める声を頼りにしつつ、子どもたちと彼らが生活するコミュニティとの間のかけ橋として社会福祉事業が発展してきたことです。第4は、国内および国際的な人権へ向けられる注意の増大が、すべての人の善となるために働くべきという、民主主義的な社会における市民の基本的な役割を子どもたちと結びつけるのに役立っていることです。

　対立解決プログラムは、1980年代初期に導入されたにもかかわらず、生徒同士の、生徒の教師に対する、そして、生徒のコミュニティに対する振舞いや相互関係を改善する実現性の高い方法を教育者らが探すとき、学校で優先して用いられてきました。『全員が勝ち―学校でのメディエーション（Everybody Wins: Mediation in School）』では、スザンヌ・ミラーは、次の話を語っています。

　　　6年生の時、ラトーニャは、逃げ出すことがしばしばありました。彼女は、学校に一度肉切り包丁を持ってきて、そのために停学処分を受けたことのある喧嘩早い子どもでした。彼女は、よく討論もし、いくつかのメディエーションを経験し、その後、メディエーターになりたいという希望を述べました。その理由は、こうでした。「私自身が多くの問題に巻き込まれ、ほかの誰かを助けてきたからです。」ラトーニャは、7年生でメディエーターとしての訓練を受け、優秀なメディエーターであっただけでなく、実際に道端で喧嘩している子どもたちをメディエーションを受けさせるために学校の中に引っぱりこんでくることもありました（Miller, Suzannne, "Kids Learn About Justice by Mediating the Disputes of Other Kids," Everybody Wins: Mediation in the Schools, 1994, pp.2-5）。

　ラトーニャの体験は、学校におけるメディエーション体験の重要な成果を教えてくれます。子どもたちは、紛争を解決するための様々なツールや自分たち自身の行動による問題の解決に触れることができたので、自分の力を手に入れることができたのです。また、子どもたちは、変化を生み出す際の対立の意義にも気づ

くことができました。原因なしに、人々の間に、またはコミュニティにおいて問題が生じることはないのです。適切な変化を生み出すことは、学習環境に重大な影響を与えます。子どもたちが自らの行動と相互作用に責任をもつように勇気づけられれば、成功を得るためにともに働くことが文化の一部となります。近時においては、シカゴ公立学校における5年生の試験的プログラムで、メディエーションで学んだスキルが他のカリキュラムの領域においてもより到達度を高めることができるということが示されました。

　協力以上に、民主主義と市民生活に大事なものはありません。協力的に学ぶ経験は、子どもたちに、他の子どもたちの貢献を尊重し、評価することを学ばせ、グループで効率的に作業するためのスキルを伸ばす機会を与えてくれます。法に関わる教育という方法は、子どもたちが模擬法廷を一緒に行い、模擬立法として政策を策定し、立法をし、社会活動をしてみることでリーダーシップを育成しながら、協力的な学習を促進するように作られています（*Essentials of Law-Related Education: A Guide for Practitioners and Policymakers*, American Bar Association, January, 1995）。

　公共財と個人の権利との間の市民生活において求められるバランスを子どもたちが理解できるようにすることは、公民と法に関する教育者らが直面する最も重要な挑戦の一つです。社会福祉は、この挑戦に見合う期待できる方策を提示するものです。社会福祉活動は、子どもたちに、行動するための媒体物、争点や問題を理解するための状況、自分たちのスキルを共有し自分たち自身の知識に基づいて行動する機会を与えてくれます。そしてまた、文化的に横断的にコミュニティ内で働く機会を開くことにより、それぞれのコミュニティの利己的で、自民族中心的な見方を見直すことを可能にするのです。

　最後に、人権のための国連宣言の50周年記念が近づいており、世界というコミュニティの市民としての責任へという子どもたちの視点を広げ、グローバルに安定性を維持する際の法の役割の重要性を拡張する機会が私たちには与えられています。アムネスティ・インターナショナルの緊急活動ニュースレターの児童に関する項目の編集者であるエレン・ムーアは、人権活動に関わることは、「子どもたちに力を与えます。子どもたちは誰かのためになにかをすることから良い気分を味わいます。子どもたちが幼ければ幼いほど、子どもたちは不正に気づき、それを何とかしようと行動に出ると考えられています。政治を越えているので

す。子どもたちは自分たちの行動を通して、他者に良くすることに関心があるということを示そうとしているのです」。

　法に関わる教育の過去と未来は、希望で満たされています。生産的な市民権の教育を通して市民の力を作るという国民の継続する責務に取り組む一貫した長期間にわたる努力にこれが表れています。私たちの挑戦は、教師に、(1)その期待があるときに、法に関わる教育の価値を認識させ、(2)そのようなプログラムが意義あるカリキュラムを作るために、内容、スキル、教授法をいかに融合するかを創造的に考えさせることを手助けすることです。リチャード・モレルは、「市民権という責任の行使のための教育について真剣に考えたならば、……一方で知識や内容、他方で人間のエンパワーメントのダイナミックさを見失わないようにしながら、常に徹底して相互作用があるように取り組む必要がある」と述べています（Morrell, Richard, "Liberal Education" winter issue, 1982）。

お勧めの文献

　本章では引用しませんでしたが、"Civics Framework for the 1998 National Assessment of Educational Progress" を読むことをお勧めします。国立教育発展評価機関（National Assessment of Education Progress）の公民に関するコンセンサス企画によって作られたものですが、同書は1998年の市民教育における国立テストの基礎として使われるものとなっています。同書は、読者にアメリカにおける市民教育についての正確で、かなり高く評価できる見解を示してくれます。

第3章

小学校の教室での対立解決

ミシェル・ル・バロン&ヴィクター・ロビンソン

> 対立解決（Conflict Resolution）を練習すれば、対立が存在する状況を理解し、そういった状況に対する前向きな姿勢を育成することができます。本章では、教室内での対立解決スキルを習得するための枠組みを示すとともに、紛争解決のための戦略を用いる社会的な利益をとりあげます。

　法律は、紛争解決のための形式的に制度化されたメソッドの一つです。私たちの複雑な社会で紛争が生じたときは、問題を解決するために裁判所に向かうのが一般的になってきています。一般的な解決方法になりすぎているかもしれません。裁判所で訴訟することは、費用が高くつき、長い時間も必要としますし、すべての人ができることではありません。したがって、訴訟は、常に対立を解決するための最も良い方法とは限らないのです。しかし、法的な知識、法廷で使われるスキルや戦略を用いれば、紛争を解決し、法的手続に踏み切ることを回避しようとすることができます。裁判外での紛争解決方法を利用することが私たちの社会でより普及していけば、子どもたちに既存の法廷を用いて教育するのとまさに同様に、法廷に代わる場を用いて子どもたちに教育することが重要となってきます。

　メディエーションなどの裁判外の紛争解決方法が用いられる場面は増えてきています。たとえば、離婚、労働紛争、公共政策問題、環境紛争、地域社会のトラブルなどです。裁判に代わる紛争解決方法、まとめてADR（裁判外紛争処理）と呼ばれていますが、その発展は、私たちの生活で対立を解決するために日々用いられるインフォーマルな方法を理解し、改善する際に大きな利益となってきています。

　裁判外の紛争処理に用いられる戦略は、学校での子ども達の間で日々生じる対立を対処するのに理想的です。たとえば、子どもは、大人の権威的な決定に頼らずに自分たちの対立を解決することを学ぶことができます。対立解決は、それを

用い、その結果、得られるものから、日々の子どもたちの対立をはるかに越えて人生を生き抜くかけがえのないスキルを教えてくれるものであり、対人コミュニケーション、協力、問題の解決、そして自己信頼を重視するので、効率的に学べる方法でもありえます。

　学校でADRを最も直接的に用いるには、同級生間でのメディエーションの形式をとることです。同級生間でのメディエーション・プログラムでは、子どもたちは、他の生徒たちが対立している相手と明確にコミュニケーションをとれるように、そして彼らの間の紛争を解決するのを手助けしながら、紛争を解決するトレーニングを積みます。大人は幼い子どもたちには非常に困難な課題だと考えるかもしれませんが、同級生間でのメディエーション・プログラムが小学校段階で最も成功するとみる研究もあります（Pilati, 1993など）。子どもたちは、自分たちの問題を理解し、自分たちにとっての現実的な解決策を生み出すことができます。時には大人により提示される解決策よりももっと現実的な場合もあります。

　同級生間でのメディエーション・プログラムの効果に関する研究は、初期段階にあります。しかし、中間的な段階での報告と経験談からは、学内の雰囲気への肯定的な効果や、管理上の処分手続の負荷の軽減、同級生間のメディエーターとしてトレーニングを積んだ生徒への肯定的な影響が示唆されています（Lam, 1989, Cheatham, 1988参照）。しかしながら、このようなプログラムの欠点としては、限られた数の生徒だけ（同級生間のメディエーターとして選ばれた生徒だけ）しか直接的なスキルトレーニングを受けることができず、子どもたちは対立を解決するたった一つの方法にしか触れられないという事実があげられます。また、教育のためというより、規律するための手段として同級生であるメディエーターに頼る傾向が強くなると、非高圧的で、協力的な価値観が害される恐れがあります。非高圧的で、協力的な価値観こそがメディエーションを権威主義的で規律的な方法に代わる効果的なものとすることができるのです。

　以下では、教室内で対立解決をいかに用いていくかをみていくことにしましょう。対立解決というテーマは、教室内では、特別の授業でも、国語や算数の授業で使われる教材において既存の授業に組み込んでも教えることもできます。しかしながら、もっとも効果が高い使い方は、基本的な生活のスキルとして対立を解決するスキルを教え、日々の教室での相互作用においてそれらのツールを使うことから生まれます。

対立解決のためのスキル

　対立解決は、対立と対立解決の戦略を認知的に理解することと、人間関係を構築する基本的なスキルを子どもがとりうる行動の選択肢にとりいれることの両方に関わります。人間関係を構築する重要なスキルとしては、コミュニケーション・スキル、協同的な問題解決スキル、そして協力する能力があります。クライドラー（1984）は、以下の認知スキルが対立解決のために基本となると示唆しています。すなわち、
　　1．分析－対立の明確化
　　2．観念化－代替的解決の展開
　　3．戦略－対立解決テクニックの実用的な知識の習得（p.52）
　これらの認知スキルは、子どもたちと机を囲みながら、より伝統的で教育的なテクニックを使いつつ教えることもできるかもしれません。しかしながら、これらのスキルを現実の生活の場面で使うには、こういったスキルが、人間関係の構築という側面において子どもたち同士の相互作用に融合されていることを必要とします。人間関係構築スキルは、建設的な対立解決行動のための基礎となります。いかに明確に効果的にコミュニケーションをとり、協同的に一緒に働くかを子どもたちに教えることは、生きていく上での重要なスキルとなり、このようなスキルなしでは、対立解決はまた別の学問上のテーマとなり、子どもたち同士の相互作用へほとんど影響がないものとなるでしょう。
　対立解決教育のもっとも見落とされやすいものの一つに態度変化があります。子どもたちは、対立は悪いことだとか、対立は避けるべき、または抑えるべきだとか、対立に巻き込まれることはよくない行為だといった暗黙のメッセージを受けとっていることがしばしばあります。対立解決の重要な教えの一つは、対立は、子どもや（そして大人）の生活のごく普通の避けることのできない部分であり、対立は、建設的に対処すれば、成長や肯定的な変化にとって良い機会を提供してくれるのだということを、子どもも、そして子どもと一緒に取り組む大人も双方が理解しなければならないということです。
　認知スキル、人間関係構築スキル、態度変化といった対立解決教育を構成する各部分は、それぞれ他の部分をサポートし、強化し合います。人間関係構築スキ

ルなくして、認知能力は単独では存在しないのです。認知する知識なくして、子ども（そして大人）は、特殊な対立を解決するための人間関係構築スキルをいかに使えばよいか知ることはできないでしょう。子どもたちが抱える対立をオープンに認めることをサポートしてもらえる環境が子どもたちに与えられていなければ、これらのスキルを使う勇気を子どもたちはもたないでしょう。そして、子どもたちが対立解決スキルと認知的理解力を身につけるまでは、いかに対立が自分たちの生活において肯定的な経験でありうるかを理解することは難しいでしょう。

　対立を積極的に処理することよりも対立自体に反応する子ども（そして大人）を私たちはこれまで何度も目にしました。反応という行為は、服従ないしは攻撃的な対立という両極端のもののいずれかに向かいがちです。対立はただ偶然に起こったものではなく、子どもたちでコントロールできるものであり、それに関する知識で考えることができ、拠るべきスキルをもっているんだということを子どもたちが認識する瞬間を見た時ほど、対立解決という作業に満足できると思える時はないのです。

対立解決スキルと経験的学習

　対立解決スキルは、教師の目的と子どものニーズにあわせて様々な方法で教えることができます。まず、多くの学校が多文化的に構成されているということは、すべての人に使える一つの決まった方法はないということを知るのが大切でしょう。対立解決プログラムをとりいれる教育者は、自分の教室の特殊なニーズのために題材を合わせ、自分に合うスキルであったかのフィードバックを子どもたちから得るようにしましょう。

　対立解決には、数学的な計算のメカニズムのように教えることができる構造化された段階的な過程はありません。むしろ、人との協力関係、コミュニケーションや協同的な問題解決スキルといった基礎に基づいて相互に作用しあう方法です。これらのスキルは、概して、経験を通して習得され、実際に使うことで伸ばしていくことができます。これらのスキルは、特に人間関係構築に関しては、練習することでしか習得することができません。経験的アプローチは、子どもたちが練習によって得られたものを彼らのソーシャルスキルに取り込んでいくのに必要なのです。

子どもたちの対立解決スキルを高めるために経験的な練習材料を提供するすばらしい教材はたくさんあります。ウィリアム・クライドラーの著書である『創造的な対立解決（"Creative Conflict Resolution"）』は、特に初等教育向けに書かれたものです。対立の認知的理解力とともに、コミュニケーション・スキルを教え、怒りのコントロール、協力、寛容を教えるための練習教材です。『小さな惑星の親しみやすい教室（"Friendly Classroom for a Small Planet"（Prutzman, et al., 1988））』は、対立プログラム、すなわち、教室内で作られているコミュニティに焦点をあてた、協力、コミュニケーション、アファメーション、そして問題解決という４つのテーマのための教材をもとに、対立解決プログラムを実験的に行った子どもたちの創造的な反応について書いています。他の優れた対立解決に関する教材や特別なスキルに関する教材の多くについては、本章の末尾をご覧ください。

　人間関係構築スキルの練習は、対立解決のために割り当てられた時間のごく一部の時間に限定して行うべきではありません。ソーシャルスキルは、自然に使われる状況でもっともうまく教えることができます。教師は、子どもとの相互作用の中で、学校での日々を通して積極的に耳を傾け、協力し、協同的な問題解決を模範となって行うことによって、そして、子どもたちに協力的な遊びや学びに従事させることによって、言い換えるならば、ポジティブで、協同的な社会的相互作用が慣例となる環境を作り出すことによって、自らのポジティブな成長を促すことができるでしょう。

　子どもたちは、基本的な人間関係構築スキルをもとに、対立の認知的理解と対立解決を自分たちの相互作用へと組み込んでいくことができます。対立のカリキュラムでは、子どもたちに対立の「ウェビング」をしてもらったりするようなシンプルな練習から始めることが多いです。これは、子ども自身の対立の理解を表面化するための練習です。この種の練習においてもたらされる態度変化は、対立を認知的理解の範疇で、すなわち単に耐えるべき自然の力としてではなく、考えられ得る何かとみなす子どもに見られます。

　そこから、子どもたちは、可能な限り自分自身の経験に依拠しながら対立の原因と対立に対応する方法についてより深く考えるように勇気づけられるのです。「教えることが可能な瞬間」、すなわち、現実の生活において子どもたちの認知的理解を使う機会を与えてくれる教室で生じる対立に目を光らせ、建設的な対立における行動を模範として示すことができることが教師にとっては非常に有益です。

ロール・プレイとシミュレーション

　特殊な練習は、これらのスキルを日常の教室での相互作用へと融合するという最終的な目的のもと、特殊な認知スキルや人間関係構築スキルを伸ばすために用いられます。これらのスキルと理解力のための貴重な教育ツールは、ロール・プレイです。ロール・プレイは、子どもたちが実験できる安全な環境と現実吟味能力を培う対立解決戦略を提供できるシミュレーションです。先行研究によれば、対立解決教育においてロール・プレイとシミュレーションには、これが特に適切であると思わせる多くの利点があるとされます。

　キスナー＝ビーミッシュ（1987）は、次のように述べています。調査によれば、「……シミュレーションは、情意ないし態度領域における増加する学習と熱意を動機づけ、刺激する」ことを示している、と（p.3）。前述のとおり、態度変化は、対立解決教育の重要なものの一つです。シミュレーションの教育上の利点についてキスナー＝ビーミッシュは、次のように報告しています。すなわち、そのような教育上の利点とは、

- ➡ 問題に直接対処する機会を子どもたちに与えること。
- ➡ 問題となっている事柄を現実の生活にもっとも近い経験に統合することを手助けすること。
- ➡ 現実の生活状況に直面しなければならない前に行動様式と相互作用を試す機会を子どもたちに与えること。
- ➡ 意思決定過程の複雑さと意思決定において必要とされる多様に変容しうるものに対する感情を伝達すること。
- ➡ 学習の過程またはスキルの上達の部分を内容同様に強調すること(p.4)。

　子どもたちがロール・プレイを準備し演じるためには、協同的な問題解決と意思決定のスキルが必要とされます。ロール・プレイの内容について付け加えると、練習自体は、私たちが徐々に教え込もうとするまさにそのスキルに関するものとなります。

　ロール・プレイは、経験を通して認知概念を使い、強化するために用いることができます。たとえば、対立に対する子どもたちの創造的な反応ワークショップ（Children's Creative Response to Conflict workshops）において私たちがもっとも好ん

で用いる練習は、ビッグ・レッド（Big Red）と呼ばれます。これは、まず、赤ずきんちゃん（Little Red's Riding Hood）の童話を話すことから始まります。この童話では、赤ずきんは、お母さんの命令で森を通り抜け、彼女の病気のおばあさんに夕食を運びに出発します。おばあさんの家で、赤ずきんは、赤ずきんのおばあさんに扮装した大きな悪いオオカミに遭遇します。赤ずきんは、しばらくして、ベッドで横たわっているのが本当はオオカミで、赤ずきんのお母さんが気をつけるように赤ずきんに話していたオオカミであることに徐々に気づいていきます。赤ずきんとおばあさんは、最後には、通りすがりの猟師に助けられます（教師のためのワークショップの参加者の中には、この童話における伝統的なジェンダーロールに気づき、赤ずきんやおばあさんに猟師が担っていた者の役割をしてもらうような変更を示唆される方もいました。）。

童話を聞かせるのに続いて、ワークショップのリーダーまたは教師は、黒板に登場人物をリストアップし、クラスで登場人物がそれぞれ何を必要としているかを挙げてもらうようにします。たとえば、赤ずきんは、おばあさんを訪ねることが必要で、おばあさんは夕食を必要としています。お母さんは、娘が安全であることを知る必要があります。やや年長の子どもたちの場合には、必要なもののリストがもっと認知的に複雑になります。赤ずきんは、自立する体験を必要とし、おばあさんは、赤ずきんの仲間であることが必要です、というような具合にです。特に重要なのは、オオカミに必要なものの検討です。この教材の主たる教訓は、対立している参加者の様々な考えを理解することだからです。たとえば、オオカミが必要としているのは、おいしい御馳走かもしれないし、一種の権力かもしれません。

必要とするもののリストができたら、子どもたちを小さなグループに分け、登場人物が必要とするものを暴力なしに手にいれられるように、新しいお話を子どもたちに考えてもらいます。そして、その新しいお話を子どもたちにロール・プレイしてもらいます（低学年の子どもたちの場合には、新しいお話は、教師が補助しながらグループ全体で考えさせることができるでしょう。）。

この教材は、認知スキル、つまり、（クライドラーの言葉を借りるならば、）分析、観念化のためのものです。子どもたちは対立における様々な視点を理解することが求められ、そうすることで、子どもたちはすべての視点に共感しやすくなります。こうした過程を経て子どもたちに創造的な新しい解決策を作り出す刺激を与

え、対立に関わるすべての人の要望に合致するようなアイディアを作り出します。ロール・プレイは、前述の協力的な意思決定、協同的な問題解決のすべてを強化し、子どもたちに認知スキルや人間関係構築スキルを身につけさせます。

発達と実験的学習

　これまで、幼い子どもたちとのロール・プレイの仕方について述べてきましたが、その次は、発達の適切性についてです。セルマン（1976）は、特に、対立解決に欠くことのできない多様な局面の理解に関する精神発達モデルを紹介しています。彼は、第1段階（6－8歳）を社会的情報の役割を担うものとしています。この段階の子どもの特徴は、彼によれば、同じ社会的状況について異なる解釈をする可能性のある行為者として自分と他者を理解することができ、そして、その解釈は、各自がもっているデータによって主として決定されるものであるとされます。子どもは、人それぞれが異なる状況にあり、または異なる情報をもっていることから、異なるように考えるということに気づきます。

　この段階の子どもたちは、セルマンによれば、自分の考えを維持しながら、自分の行動を評価しようとすることによって自分自身を他者の立場において考えることはできないとされます。つまり、自分自身の行動を他者の視点から評価することができないのです。したがって、第1段階の子どもたちが異なる見方があるということを理解したとしても、この段階の子どもたちは、一つだけが「正しい」という考えをもち続けるのです。

　第2段階の子どもたち（8－10歳）は、人はそれぞれ独自に順序づけられた優先順位や価値観をもっているので、様々に考えるということを理解することができます。誰の信念も絶対的に正しいわけでなく、絶対的に妥当するものでもないという理解の道徳的な発展を導きます。この段階の主たる発展は、他者の考えを自身の行為や動機づけに生かすことができる能力です。これらの影響は、同時には起こらず、段階的にみられます。

　セルマンのモデルに基づくと、ロール・プレイをすることは、子どもたちの視点と役を演じる登場人物の視点との相互関係を理解することを促進するためのデブリーフィングという批判的時間に従事できるであろう8歳から10歳の子供にもっとも効率的でしょう。この段階の子どもは、他者と自分が多様に動機づけさ

れ、それゆえ、利他的であり、かつ、利己的な動機が交錯するかもしれないことも理解できます。この段階では、価値観や行為を規律する法律や行動の帰結といった論点を、ロール・プレイをすることによって生産的に検討することができるのです。

教室でのスキルの活用

　スキルを確認し、スキルに関する授業を計画するだけでは十分ではありません。対立解決を教えることをもし本当に成功させようとするならば、これらのスキルが助長され、モデルとされる環境でこれを用いる必要があります。教室の構造とルールとの間の調和、教師の行動と教室の編成との間の調和といったものを含め、対立解決の原理と教室という設定が合致するところで行う必要があるのです。

　たとえば、「良い発言ができないなら、何も言わないでください」というようなことを教師が子どもたちによく話しているような教室で対立解決スキルを教えるとすれば、子どもたちは、アサーションや協同的問題解決のスキルを自由に使える気分にはなれません。規律を守らせるのに非常に階級的で権威的な方法がとられているような環境で解決スキルを教えたとすると、そのような規律は、子どもたちがスキルを使わなければならない機会を限定し、さらに悪いことに、露呈した対立は学校組織によってかなり抑え込まれるため、子どもたちがスキルを使えないような状況になるかもしれません。

　対立解決は、意図して、権威的でない過程をとるようにしています。自分たちの対立に立ち向かい、うまく交渉するためのスキルと機会を子どもたちに与えることによって、子どもたちに権限を与えることなのです。教師は、厳格で迅速なルールや、トップダウン方式によるなじみ深いコントロールを放棄することを不快に感じることもあります。コントロールすることが教室での主たる目的であれば、対立解決アプローチは適切でないかもしれません。対立解決アプローチは、規律を守るための権威的なアプローチとうまく共存し得ないのです。

　このことは、対立解決のために教室を支配する原則が、「コントロール外」にあると言っているのではありません。むしろ、快適に学習する環境を維持する責任の一部が、子どもたち自身に委ねられるのです。対立解決スキルを教えること

は、協力的な教室の環境を作ることによって、教師の介入の必要性を減少させます。これは、教室内での対立のレベルを縮小し、子どもたちが混乱に陥る前に自分たちの間での対立に向かうようにしてくれます。

　玄関のドアのカギをしめる必要もなく、だれもが互いを知っており、必要があるときは助けに行く、といった小さな町のような環境を大人が懐かしがることを時々耳にします。確かに、そのような構図は理想的であることもありますが、その中には、教室での教育における対立解決アプローチの核心となるものがあるのです。わたしたちは、教室内で一種のコミュニティを作ろうとしているのであり、それは、子どもたちが互いを知っており、信頼するコミュニティであり、子どもたちが効率的に協力をしあえるスキルをもっており、協同的な活動を経験したコミュニティなのです。

　わたしたちの理想とする小さな町では、権威的存在である地元の保安官は、権力の執行機関というよりもむしろ問題を解決する役割を担っていることが多いのです。同様に、教師もまた、対立解決アプローチにおいては、教室内の対立を対処するにあたって、その解決をするように子どもたちに課すのではなく、問題解決の過程を通して子どもたちを導くのです。対立が恒常的に罰や教師の考えの押し付けによって「解決される」場合には、子どもたちは自分たちの対立を解決するために権威的存在に依存するようになり、各自の対立解決スキルや戦術を伸ばすよう努力する気が失せるでしょう。対立に対する現実的な解決策を行動的に考え出す権限と機会を与えられているということを子どもたちが理解すれば、教師の介入への依存度も減少します。うまくいけば、子どもたちが成長した時、暴力の助けを借りたり、非人間的でオーバーワーク気味の法制度に頼ったりすることなく、大人として、これらのスキルを大人の対立に使うことができるでしょう。

教室内での実践

　さあ、実践してみましょう。ルクリーシアの結んである髪をリサがひっぱったとき、授業を中断し、問題解決のために時間を割ける教師はいますか。そして、子どもたちが手に負えない状態になって、隣の教室の教師から騒がしいと文句を言われ、規律を守るという観点から対立解決アプローチに懸念を示されたとしたら、どうすればよいでしょうか。

最初の質問は、対立解決の領域におけるやや大きな問題に関わります。協同的過程、すなわち、この練習に関わるすべての人を相互に満足させる解決を得る努力を必要とする対立解決過程は、たった一人の者がグループのために一方的な意思決定をする権威的な過程より、時間がかかるのが一般的です。その理論的論拠は、いくつかの研究によって支持されているものの、終局的に証明することは難しいのです。しかし、協同的意思決定は時間を必要とするのですが、長い目でみれば、これはより効率的なのです。協同的過程においては、決定を実行に移す前にどのような障害があり得るかを予測する際に、グループ全体の知恵が引き出されます。また、協同的過程を通して、決定によって影響を受ける人はその決定を合理的であると理解しやすくなり、決定に「合意した」、つまり、決定を作り上げるのに参加したことから、決定がうまく機能することを見届けることも約束するように思われます。それゆえ、議論は進み、行動的解決はより効率的に実現され、貫き通されるでしょう。

　上で述べたことは、教室では、リサがルクリーシアの髪の毛をひっぱったことへの解決策を考え出すために時間を費すとしても、クラスがさらに崩壊することを防ぐことができるので、長い目で見れば時間の節約になるだろうということを意味します。教室という設定においては、協同的過程を通して作業する時間をとることが良いとされる強い論拠もあります。教室は、日常的に進行する相互作用を伴う個々人のコミュニティです。協同的過程を通して作業をすることは、身近な問題に対する解決策を発展させるようなものだけではないのです。この作業は、教室の人間関係に長期間にわたり影響を与える可能性がある、教えと学びの過程なのです。リサとルクレーシアは、髪の毛をひっぱったりする状況をいかに回避するのかをただ学ぶだけではないのです。二人は、相手の立場にたって、その気持ちに共感することを学ぶのです。協同的に問題に向かうという相互作用する過程を学ぶのです。そして、異なる種類の人間関係、つまり、不必要な対立を未然に防ぎ、どうしても生じてしまう対立に建設的に対処する基礎を作るような人間関係を発展させるのです。

　一般的なアプローチは、子どもたちが対立解決技術になれてきたら、対立コーナーと名付けるテーブルまたは教室の一角を設けることです。もし、子どもたちの対立が混乱を招いたときには、教師は、その子どもたちに、彼らが合意に達することができなかった問題を対立コーナーにもっていき、意見の一致が得られる

ようにするように言います。ウィリアム・クライドラー（1984）は、子どもたちに、対立を解決し、その合意を教師に報告するのに3分間与え、もし、対立を解決できなければ教師に手伝ってもらうように頼むように助言しています。教師やいくつかの研究からの逸話に富んだ報告からは、問題解決方法を子どもたちに教え、教室内での問題解決という文化を確立するために費やされた時間は、長期的にみれば、それに見合うだけの価値があることが読み取れます。子どもたちが自分たちの能力に自信をもてばもつほど、教師は規律に関わる問題を処理するのに時間がかからなくなるようになります。

　前述の二つ目の質問は、教室でのコントロールに対する認識とともに扱わなければなりません。既述のとおり、対立解決原理に基づいて組織化された教室は、部外者にはコントロール外にあるように見えることが時々あるかもしれませんが、そのような状態にあるのではありません。18世紀の「野次馬の民衆」は、フランスやイギリスの君主にもコントロール外にあるように見えたに違いありません。だから、あなたの同僚が君主制をより快適と思うのであれば、あなたは、この野次馬の民衆をどのように扱いますか。あなたを失望させたのなら申し訳ないですが、この問題については今はいったん横においておくことにします。対立解決教育のさらなる利点のいくつかに目を向け、自分自身の精神状態をまずは強くし、その後に、この問題に取り組むことにしましょう。

教育としての対立解決の長所

　対立の行動と理解に直接に関わる対立解決教育の目的によって、子どもたちは以下のことができるようになります。

- ➡ 対立とは、避けるべき不必要なものではない、と理解すること。
- ➡ 対立と対立の変化を深く学ぶこと。
- ➡ 対立に対する個人的な反応とその反応が他者に及ぼす影響をより理解すること。
- ➡ 対立がある場合、共通の基礎を確認し構築すること。
- ➡ 子どもたちが対立関係にあるときに同級生や教育者と一緒に作業することができるような、対立に対処するためのシンプルな過程を学ぶこと。
- ➡ 学校の雰囲気を改善する方向に働く対立解決スキルを取得する他者と提

携すること。
　子どもの生活と学習のなかで広く用いられる対立解決教育の長所から、子どもたちは以下のことができるようになります。

- ➡ 自分の怒りや他の強い感情をコントロールする方法を学ぶこと。
- ➡ 怒りやフラストレーションから直接的に行動にでる前に、問題を分析すること。
- ➡ 交渉技術を発達させること。
- ➡ 問題を解決する複数の選択肢を確認すること。
- ➡ 批判的で戦術的に考え、質問し、積極的に耳を傾け、自己表現し、組織化するための技術を学ぶこと。

　対立解決は、もっと一般的な教育目的にも資するものです。子どもの発達と学習についての現在の思考によると、学習の社会的基礎、すなわち、学習は社会的な相互作用を通してなされるということが強調されています（たとえば、Garton, 1992, Winegar, 1989）。セリア・ブラウネル（1989）は、ブラウンとパリンサーを援用しながら、この思考の方向性を次のように要約しています。

　　これらの研究者は、概して、子どもを自発的な学習者とみる伝統的な考えと、認知的変化の社会的出自を強調する側面とを対比する。彼らは、変化のメカニズムとして内面化のような社会的過程を想定している。この研究は、独学を上回るグループ学習の効率性の媒体となる過程の範囲を確認する点で、実際に前進し始めている。同級生の間では、ノウハウの共有、基本的な認識行動の客観化、考えることについての責任の共有、数人での認知的負担の分配、異なる視点や異なる解決戦術の紹介（また認知の再構築を導き得る対立の他の形式）、そして、参加者の間の類似性と異質性を考慮した新たな解決策の共同構築である。(p.179)

　対立解決教育は、社会的相互作用と協力的、実験的教育を強調する教育手法を相伴って機能するものです。対立を解決する際のソーシャルスキルは、教室での社会的相互作用を通した生産的学習の基礎をうみだします。
　社会的相互作用という観点は、少し前に私たちが横においた君主制対民主制という問題について解明してくれます。協力的で実験的な学習を強調する対立解決原理に基づき組織化された教室は、構造化された教室よりも騒がしく、にぎやかになる傾向が強く見られます。それは、そこで社会的相互作用が起こっているか

らなのです。伝統的な教育の場合、学習は静かな、管理された雰囲気の中で行われることが勧められます。社会的相互作用という観点からは、それとはかなり異なるものが勧められます。つまり、学習は、社会的な人間関係や社会的相互関係の中でなされるのです。教室を「コントロールすること」は、子どもたちが互いに影響しあう自然な傾向を抑え込むことになります。このエネルギーを抑え込むよりも、むしろ教師の役割は、特殊な学習目的へエネルギーを向けさせながら、これを使うことです。子どもたちに対立解決スキルを教えることは、「コントロールを失うこと」なしに、相互作用的な学習がなされる可能性のある教室に社会的な枠組みを与えてくれます。コントロール、すなわち、学習のための安全で建設的な雰囲気を維持することは、積極的な社会的相互作用とそういった相互作用を得るための学問的なスキルを得たいという子どもたちの希望の一作用となります。

制度の、そして文化的な変化としての対立解決

　私たちが取り上げてきた教室の組織化への広範囲に及ぶ対立解決アプローチといった類のものへの制度的、社会的抵抗に関する問題は、もちろん、これまでのところまだ検討していませんでした。どんな種類の変化に対しても、新たな手法に抵抗があるのはいつものことです。これは、対立解決アプローチに伴う特別な問題ではありません。

　ほんの少しだけ対立を解決するということは、ほんの少しだけバース・コントロールをするのと同程度の効果しかないようなものです。私たちは、子どもたちにスキルを教えることができますが、私たちがトップダウン方式で教室の規律を守るために権威的な手法をとり続けたならば、このスキルを使う機会がなく、スキルを使って練習したいという動機を失うことになり、衰え、死んでしまうでしょう。たった一つの教室でのみ対立解決アプローチを制度化することは、そのクラスとそのクラスにいる子どもたちには、重要な利点となり得ますが、そういった子どもたちにとっても、クラスの外の学校の構造や規律的なアプローチが子どもたちを混乱させるようなメッセージを発信するような場合には、上り坂を登るような苦労を伴うことになるでしょう。そして次の年、子どもたちが他のクラスへと散り散りに別れたとき、子どもたちのスキルに何が起こるでしょうか。

対立解決をうまく制度化するということは、単に手続を作るといったことではなく、むしろ、学校全体、そしてその周囲のコミュニティの文化の変化に関わる事柄なのです。対立解決スキルは、孤立しては維持され得ないのです。

学校での文化の変化には、教師、子どもたち、管理職や親も関わることになります。社内研究の部署、部署内の会合でのプレゼンテーション、そして対立解決カリキュラムの編成のための部署の委員会では、学校の対立解決プログラムが用いられることが多く見受けられます。保護者の会合のプレゼンテーションやメディエーションへの参加の招待、その他のトレーニングには、保護者やもっと広範なコミュニティが関わります。学校の朝礼やクラスでの対立解決ミニ・ワークショップのプレゼンテーションなどの学校中の交友関係に広げたプログラムを通して学校全体に対立解決という考えを紹介することができます。メディエーション・プログラムの経験から明らかなことは、プログラムを成功させるための重要なポイントは、トップにたつアドミニストレーターからの熱心なサポートであるということです。

これは、各教師の努力を減らすためのものではありません。対立というものは向き合い対処できるものである、という考え方の種を植えつけるたった一つのレッスンが、子どもの人生の方向性に影響を与え得るのです。一つの教室、つまり、対立が建設的に取り組まれる子どもの生活における一つのオアシスを作り出すことは、他者とともに異なる方法をとることを理解し、評価することを子どもたちに可能にするのです。文化の変化は、結局のところ、個々人から始まるプロセスなのです。

参考文献

Brownell, Celia. (1989). "Socially shared cognition: The role of social context in the construction of knowledge." In Lucien T. Winegar (Ed.), *Social Interaction and the Development of Children's Understanding*. Norwood, NJ: Ablex Publishing Corporation.

Cheatham, Annie. (1988). *Directory of School Mediation and Conflict Resolution Programs*. Amherst, MA: National Association for Mediation in Education.

Edwards, Carolyn Pope with Ramsey, Patricia G. (1986). *Promoting Social and Moral Development in Young Children*. New York: Teachers College Press.

Garton, Alison F. (1992). *Social Interaction and the Development of Language and*

Cognition. Hove, UK: Lawrence Erlbaum Associates Ltd.

Johnson, David W. & Johnson, Roger T. (1991). *Teaching Students to be Peacemakers*. Edina, MN: Interaction Book Company.

Kissner, Robert F. & Beamish, Joanne F. (1987). *Justice Simulations: An Instructional Kit for College Criminology Courses*. New Westminster: Douglas College.

Kreidler, William J. (1984). *Creative Conflict Resolution*. Glenview, IL: Scott Foresman and Company.

Lam, Julie A. (1989). *The Impact of Conflict Resolution Programs on Schools: A Review and Synthesis of the Evidence*. Amherst, MA: National Association for Mediation in Education.

Pilati, David A. (1993). "An agenda for increasing the effectiveness of peer mediation programs." In *The Fourth R* (Vol. 48), Dec. 1993/Jan. 1994. Amherst, MA: National Association for Mediation in Education.

Prutzman, Priscilla, et al. (1988). *The Friendly Classroom for a Small Planet*. Philadelphia: New Society Publishers.

Selman, R. L. (1976). "Social-cognitive understanding." In T. Lickona (Ed.), *Moral Development and Behavior: Theory, Research, and Social Issues*. New York: Holt, Rinehart and Winston.

Winegar, Lucien T. (Ed.). (1989). *Social Interaction and the Development of Children's Understanding*. Norwood, NJ: Ablex Publishing Corporation.

第4章
クラスのなかで民主制の諸原理を身につけること

ルース・イェーツ

> 子どもたちは、教室で実際に各々が体験していくことで、統治にかかわる民主的な諸原理を正しく理解したり、その真価を認めたりすることができます。本章では、発達段階にある子どもたちが、社会生活のなかでルールの果たす役割に気づくことができるように、幾つかの理論的なガイドラインや実践的な活動に焦点をあててみたいと思います。

　民主的な諸原理は、われわれの社会、政治、そして法のシステムの礎を支えています。それはまた、社会的および個人的な態度や評価を形づくっています。すべての子どもたちが、このような考え方をしっかりと心に刻んで育てられるわけではありません。したがって、学校の役割の一つは、民主主義という概念を習慣になるまで教え、意識を高めていくことです。教師は、子どもたちがいかなる学習態度や考え方を教室に持ち込もうと、それを制限することはできませんが、積極的に社会的な態度や評価を学びかつ実践できるように教室環境をつくり上げることは可能です。不幸にも、子どもたちの素行に影響を及ぼすような政策やルールは、たいてい子どもたちが教室にやってくるはるか以前に確立されてしまっています。もっとも大きな影響を受けるのは子どもたちのはずですが、そうした子どもたちへの言及などほとんどないまま、それら政策やルールは子どもたちに課せられます。子どもたちには、あらかじめ確立されている手続に従うことと、すでに実施されているすべてのルールを遵守することが期待されています。学校の規律や効率的な運営を維持することは大いに必要なことです。しかし、体験的な学びを推奨する人々は、政策やルールをつくったりそれを実施したりと、生徒に積極的な役割を演じさせることを通して、統治のスキルを実践する機会を与えるよう提案しています。そのことが、民主主義の社会に暮らし、また民主主義社会に貢献するためのより効果的な支援になるというのです。
　子どもたちがいかなる程度まで組織に参加して、彼らの教室環境をマネジメン

トできるかについては、必然的にグループの発達段階や、組織されたグループのなかで責任や役割を引き受けることのできる一人ひとりの子どもの能力によっても決まってきます。ある時点で、子どもたちは学校に存在する特別な価値体系を知るようになります。多くのルールが存在し、それらが人々に対して厳然と強制されていることを認識します。さらに、それがどうしてなのかについても理解し始めるはずです。子どもたちは、システムやルールについて疑問をもつように仕向けられるべきです。さらに、権威のある人が正しいのかどうか、それを判断するための手段が与えられるべきで、それに従わなくてはなりません。このような概念を子どもたちに教えるには、授業は決して最善の方法であるとはいえません。生徒たちは、どのようにして社会的な組織が機能するのか、実際に経験しなくてはなりません。その経験の多くは学校で得られるのです。

　カリキュラムにそって教えられるのが慣例となってしまう前に、子どもたちは向社会的行動の重要性を学ばなければなりませんし、社会的スキルを実践しなければなりません。学校や教室は、たいていの場合、見たところ終わりがないほどずらりと並んだ大量のルールで子どもたちを迎える場所でした。数々のルールはただ発見されるだけで、彼らがそれを破ったときにはじめてその存在に気づき、彼らにとっては何の意味ももたず、どういうわけか彼らを強力に支配しようとする何者かによってつくられています。カリキュラムに則して学ばせる学校の主な目標は、低学年で自己決定と自己統治のスキルを学ばせようとする考えなどほとんど持ち合わせないまま、形式的な統制をまさしく正当化しています。これまで従順だった子どもたちが突然に感情をあらわに表に出しはじめ、権威に抵抗しはじめ、そして彼ら自身の学校の課題を見出そうと試みるときにはじめて、社会生活に適応させる必要性が明らかになります。6年生か7年生の子どもたちが、いまだ個人の価値や集団の価値、そして社会的な価値を正しく理解できておらず、それらをどのように相互に関連づけてよいか分からなかったとしても、彼らは、制度が自分たちの自由や人格権をうまく巧みに取り上げようとしていたことに気づきはじめ、それらを取り戻す唯一の方法はシステムに立ち向かっていくことだと気づきはじめます。新たに知り得た集団が彼らの役に立つものであり、彼らを援助したり、作法や習慣などを身につけさせてくれるためにそこに存在し、そういったことなくしては生涯にわたって多くの望ましいことは見込めないということを、子どもたち自身が早い段階で学ぶのであれば、彼らは自らの利益のためだ

けでなく集団に属する他の人々の利益のためにも、そうした集団に積極的に貢献したいという願いをもつようになるでしょう。

　子どもたちは、集団の一員であることの恩恵を受ける権利をもつべきです。それには、傷つけられず、干渉されないという権利も含まれています。子どもたちは自分自身や自らの環境に対して、いくらかの権力意識をもつべきです。そして、集団における調和や成功に貢献する責任があることを認識しなければなりません。そこにこそ、子どもたち自身の潜在的な成功を得る能力が眠っているのです。社会生活において、人々は集団のなかで認められ、受けいれられ、また協力し分かち合うよう求められる、そのことを子どもたちは理解しておく必要があります。教師は、不適切な権威の利用や周囲のプレッシャーから個々人が振り回されないためにも必要な自立的思考と個人の品位について、子どもたちにさらにそれらを認識し実践させながら、子どもたちが集団の価値を手に入れる可能性を高めることができます。

考察の背景

　どのようにして民主主義に適った教室が形づくられるべきか考えるに先だって、まずは、民主的な生活様式を営むうえで必要とされる幾つかの背景となる要因に目を向けてみましょう。子どもたちは、善悪の問題や、何が適切で何が不適切な行動であるかについて、それぞれ大きく異なる考え方をもちながら、登校し教室にやってきます。ある子どもは自信に満ちあふれ、独立心が旺盛で、自己主張も強いのに対して、別の子どもは恥ずかしがり屋で、精神的にも不安定で感情を表に出しません。

> 幸運な子どもは、安定していて自信にあふれる保護者のもとで育てられる。そうした保護者は、子どもを受け入れられているという雰囲気のなかで育て、子どもが成長するために必要な支援を行っている。子どもたちの学校での振るまいは、そうした安定性を正確に映しだす傾向にある。……不幸な子どもは、生後間もない時から、感情的で、物理的にも不安定な状況のなかで生活を送っている。そのような彼らの振るまいも、これまで身につけてきたことを正確に映し出している（Newman, 1993, p.5）。

　何人かの子どもは、暴力と虐待が日常茶飯事の困難を抱えた家庭からやって来

ています。ある者は、貧困が原因で基本的な生活必需品すら事欠き、またある者は、十分に与えられてはいるものの、大人がたいてい家にはいない家庭からやって来ます。学校への期待はすこぶる大きいといえます。

> 多くの子どもたちにとって、学校は世界で一番安全な場所である。学校は大人が細心の注意をはらって理解しようとしてくれるところで、子どもたちを大切に扱い、ともに協力し、思いやりを示すとともに、責任を行動で示す場所である。教師には、こうした子どもたちが、学校の校舎の外で直面している環境を変えることはできないかもしれない。しかし教師は、子どもたちが学校で過ごす時間が安全で好ましいものとなるように手助けすることは可能である（Newman, 1993, p.5）。

　困難を抱えた家庭の子どもにも、そうでない家庭の子どもにも手助けとなるように、学校が提供できるのは一貫性や予測可能性、そして彼らの家庭生活に欠けているであろう、大人にふさわしい社会的マナーのモデルです。学校はまた、子どもたちにとって魅力的で歓迎されるべき、心温まる居心地のよい場所でなくてはなりません。さらに、そこは子どもたちが自らの長所を理解してもらえ、それを伸ばしてもらえる場所である必要があります。そして、自らの弱さを受け入れてもらえるとともに、それを補ってもらえるような場所、また彼らが直面するいくつかの個人的な問題に打ち克つために必要な支援を提供できる場所でなくてはなりません。ドリーベン（Dreeben）は次のように力説しています。

> 学校教育のなかから生じる感情というものは、子どもたちの自尊心が支持されたり、脅かされたりする出来事から生じる。……このことは、子どもたちが、学校生活の初期段階の体験を、校内活動の基準に従って行動しても十分に楽しいと感じられるかどうかを決定する際に影響を与えている（Dreeben, 1968, p.135）。

　学校で用いられる機会があり、かつ、個人の生活のなかでも身につけることが奨励されるような道具とスキルが与えられれば、生まれつき回復力のある子どもたちですから、彼らは力強く機知に富み、自信にあふれた人物になることができます。そのような人物であれば、自らのコミュニティに貢献する成員となり、そして彼らの幼いときの生活を要因とするであろう育児放棄や虐待のサイクルを打ち破ることになるでしょう。

　学校における暴力について近年の調査報告が示すところでは、年長の子どもた

ちの暴力性と同じ程度に、最年少の子どもたちの間にも、暴力や攻撃に対する関心がみられるということです。委員会は暴力予防の観点でむしろ考えたかったという件は、その報告の活動原理のなかに共通にみられます。

> 暴力事案の解決にあたって、私たちは強力に介入していくことの重要性を認めるとともに、特に幼い子どもたちの場合には、さまざまな手段を用いて暴力防止に重点的に取り組むことこそがいっそうこの問題への取組みにおいて期待できると考える。

同じく、次のような見解もみられます。

> 学校は孤立した存在ではない。学校はコミュニティの一部であり、それを取り巻く社会を反映している。……暴力は単に学校の問題というばかりではないし、その解決策も、同じように、より広範にコミュニティに影響することになる（British Columbia Teachers' Federation, 1994, p.4）。

この調査では、幼い年齢の子どもたちのあいだで特有の心配事となる幾つかの傾向を確認しました。

> 教師は、5年生にあたる子どもたちの間にみられる攻撃的行動に気づいている。つまり、教師や他の子どもに対して、噛んだり蹴ったり、そして殴ったりするような出来事であったり、さらには極めて暴力的な言動を使うことなどである。……ある教師は、子どもたちが争いを解決するために、これまで以上にすぐに暴力を用いることを指摘している。……教師や校長、そして警察などの権威や権威的人物に食ってかかる度合いが増加しているようである。教師と親は、幼い子どもたちは彼らの行動が招く結果に対して鈍感になっていると訴えている（British Columbia Teachers' Federation, 1994, p.6）。

これらは、学校に通う子どもに現れる幾つかのマイナス症状にすぎません。その他にも、不安や、疎外感、自信喪失、無力感、フラストレーション、無気力、無関心そして学業に打ち込んでも意味がないという感覚などがあります。なぜなら、長い目でみて変化が期待できそうにないからです。このような感情は、しばしば集団からの離脱や、権威に対する反抗、そしてついには落ちこぼれて退学へとつながります。今必要とされることは、調査報告が提案しているように、「暴力が起こりそうもない新しいコミュニティ」（前掲 p.4）です。

学校教育の初期段階での数々の経験は、子どもたちに対して、各々の人間性の

どのような一面が受け入れられ、あるいは受け入れられないかについての多義的なメッセージを与えます。子どもたちは、感情をコントロールし、おとなしく従順であると褒められますし、逆におしゃべりや軽率に動き回ると叱られます。彼らは、自立するよう後押しされ、困難な状況にあっても自ら解決策を見出すよう促される一方で、管理されることとなる一集団の一人として扱われます。彼らが、はじめて教室で経験すべきことは、安心感や満足感そして友情であり、また学んだり交流したりする機会をもち、それらを体感することです。これらは、子どもたちが自分たちの時間をどのように計画するかに対して意味のある情報が提供される場合や、好意的な相互関係が育まれる枠組みのなかで、親密な関係を築いていくよう促される他の子どもたち集団が存在する場合に見出せます。

　校内暴力の問題を解決するための調査特別委員会によってリスト化された包括的プランのなかで、「入学から第12学年までのすべての子どもたちに教えられる社会的スキル・プログラム」というものがあります。より有効なアドバイスをすれば、次のように言うことができるかもしれません。つまり、「入学から第12学年までのすべての子どもたちによって学ばれそして実践されるポジティブな社会的態度や社会的スキル」というものです。社会生活への順応という概念や、人の行うべき正しい道、そしてポジティブな社会的態度や社会的スキルは、計画的なカリキュラムに沿った授業を通してではなく、日々のクラスでの経験を通してこそ、幼い子どもたちに適切に伝えられます。

　子どもたちは、日常生活のなかで、彼らに命令を下して従わせることのできる権威をもつ人々の存在に気づくようになります。かなり早い段階で、彼らは残りの人生についてまわるであろう権威に対する態度を育むことになります。こうした態度は、権威ある人物と接した経験に基づくものです。トム・タイラー（Tom Tyler）によるアメリカでの最近の研究に拠れば、大人が法を遵守しようとする意識をもつのは、彼らが若いときにそうした権威ある人々からどれだけ公平に扱われたかという認識に大きく左右されるとのことです（Tyler, 1990, pp.94-112）。このような早い時期の認識は家庭で身につけられますが、その次にもっとも影響力の大きいのが学校です。とりわけ、権威に対するネガティブな経験がそうしたケースとなるように思われます。そのことは、家庭内の欠乏や虐待あるいは努力のし過ぎからくるもので、さらにそれは学校で強化されます。社会的スキルを適切に身につけてこなかった子どもたちは、学校にくると必ずや彼らの代表である

校長や教師さらにはクラスの仲間にさえ、全力で自らの権威を要求することになります。権威がもつ適切な役割に対する経験を全くあるいはほとんどしてこなかったとすれば、彼らが育ってきたように、これまでの経験すべてから、彼らは命令に従うことを受け入れようとしないでしょう。彼らに必要なことは、どのように人々が権威を得て、それがいかなる目的で行使され、そしてどのような場合にそれが合法的に用いられたといえるかを理解するようになることです。

　子どもたちはまた経験するとともに、一見したところ何の制約もない根拠や機能をもつ数多くのルールにしたがって生きるよう要求されます。ルールを支える根拠がなければ、それは鼻持ちならないものであり、いずれ無意味なものとなります。教室での経験を通して学ぶことができるのは、なぜルールが必要で、それがどのように作られ、そしていつどのように変更されるかということです。彼らはまた、どのような権利が個人として認められ、他の人の権利を尊重することがどうして重要であるかを直に感じるかもしれません。社会生活は、すべての人が自らの行動に対する責任を受け入れ、互いに協力するとともに、他の人が自ら背負う責任を理解し受け入れることができるよう手助けすることに依存することを、彼らは知ることになります。彼らは、教室で起こっていることと、より大きなコミュニティで起こっていることとのあいだに関連性を見出しはじめ、その結果、そのなかでより安心かつ心地よくいられることを感じるにちがいありません。

　　子どもたちには、ルールを作ったり、それを見直したり、そしてそれに依拠して生活するような機会が与えられるべきである。彼らは、教室から野球のグラウンドへ移動するために、なぜ「ルール」を変更するのか、そして騒音や活動に関して予想されることについてきちんと分析する必要がある。かなり早い段階で、彼らは「ルール」という体系を理解し、さらに秩序の必要性、つまり正義の観点からそのような体系を考えるよう促されてよい（Falkenstein and Anderson, 1980, p.229）。

スクール・ガバナンス

　学校は、子どもたちが様々な仕方で行動し決定する自由があるという考えに基づいて組織されています。自らの決定や行動には責任が伴うということを学ぶために、子どもたちにはそれを訓練する機会が与えられる必要があります。学校に

は、学校集団全体に影響を及ぼすような決定があり、子どもたちは、その学校集団に意見を述べることができます。これには、休憩時間に行うことができる活動であるとか、昼休みや放課後に行うスポーツの組織や管理に関することが含まれているかもしれません。クラスのなかでは、授業、野外劇、校外学習、そして社会活動に関するスケジュールを立てることに一役買うことができます。小学校段階で、固定化された全校生徒会を設けておくことはふつう実際的でもありませんし、望ましいことでもありません。まだ幼い子どもたちにとっては時間枠があまりにも長く、説明や指導する機会は、ほんの一握りの子どもたちにしか与えられません。委員会で取り組むに値する重要な問題がなければ、彼らは会議に費やされた時間を無意味であったと感じるかもしれません。より効果的な方法は、問題が持ち上がったときに、それを解決する手助けを子どもたちに求めることかもしれません。

　何れの学校も年間を通じて数多くの問題に直面しているはずです。さもなければ、最も適切に社会的な学習が行われるよう、行政と教師の双方によって、またはいずれか一方によって学校が厳重に管理されていることを連想させます（Falkenstein, p.139）。学校集団に関わる様々な問題として、公共物の破壊行為、人種差別、非行集団の形成、校内の共用スペースや運動場で生じる危険な状況、あるいは子どもたちが募金集めを手伝って得られたお金をどのように使うか、などが挙げられます。そのような問題は、教師と生徒会とが一緒になって解決策を見つけようと取り組むのに適する動機となるでしょう。そのような事例では、学校監督官や教師とその問題について意見を交わすために各クラスから代表が選ばれることもあり得ます。委員会のメンバーは、次にクラスの子どもたちと集まり、グループで話し合い、承認される可能性のある提案をもって戻ってくるでしょう。新しいルールが作られると、そのための理由が示されます。その後、各代表は、委員会の話し合いの結果をそれぞれのクラスに持ち帰り、各々のクラスメートに新たなルールを知らせ、ルールを監視することに一役買うとともに、そうした行動によって問題が解決されたかどうかを折り返し報告することになるでしょう。このようにして、子どもたちは現実の問題に対して有意義な手段で取組むとともに、自らが具体的な行動を取ったことで即座に効果があらわれることを理解する機会を得ます。新たなルールを実際に導入することで、ルールや法律が問題を解決するためにつくられるということ、また必要があればそれらを改めること

ができるということに対する認識を深めていくのです。

　学校行政のトップダウン・スタイルと比べて、参加と協働の精神は、学校というコミュニティの構成員すべてに、自尊心、信頼、個人の安全、帰属意識、組織としての誇りという感情をより強く意識づけることができます。学校における大人の態度や実践は、子どもたちにとってはじめての形式的な制度のなかで、子どもたちの感情や期待を形作り、そして彼らに社会参加の準備をさせます。

　　　協力、個人の尊重、財産と権威、公平性、ルールの必要性、そして責任等の価値に関する学びは、学校で可能であるし、また行われるべきである。そして、結局のところそれが民主的な統治形態の礎を形づくっている。そのような観念は、子どもたちの直接的な経験に基づく場合と、学校が自らこれらの価値に関して常に機能するモデルを提供できている場合において、最も効果的に教えられるのである（Falkenstein, p.141）。

クラス・ガバナンス

　学校の組織化は教室のなかにも反映されていますが、それ以上に学校コミュニティの成功を促進し、子どもたちにリーダーシップのスキルを実践する機会を与えています。教師は、子どもたちに自らの振るまいを抑制するよう仕向けるために、そのための態度やスキルを教師自らの行動で示そうとするでしょう。こうした態度やスキルには、学校に通うすべての子どもに対する責任感を肝に銘じておこうとする意志が含まれています。教師は、ある特定の振るまいを要求する理由について子どもたちに進んで説明するべきです。そうすることは、子どもたちに対して敬意を示し、そして彼らの要求や理解力を認めることになるのです。教師は評価を行わなければなりませんし、公平性や平等の原則にもとづいて生活し、学校コミュニティに属する他の人々との関わりにおいて、敬意をもって協調することを示さなければなりません。力量のある教師のスキルのなかには、望ましい振るまいの模範となることや、子どもたちが自らのアイディアや意見そして考え方を説明し確認できる機会となる話し合いをリードできることなどがあるでしょう。教師は、ルールの策定や意思決定プロセスを、威圧的にならないで指導できなければなりませんし、子どもの正直な提案が尊敬に値するもので、高く評価さ

れるものであることを口頭で示さなければなりません。その他の重要なスキルは、仕事量を軽減する処理能力とともに、ユーモアの感覚をもちながら仕事に取り組むこと、そして子どもたちが望ましいふるまいを行うように魔法のような力で操ることです（Falkenstein, pp.140-141）。

　以下に示すのは、クラスを組織するための段階的なプランで、これは小学校のどの学年でも応用できるものです。そのようなプランをより早く取り入れれば取り入れるほど、参加のレベルはより高くなります。子どもたちが成長して、リーダーシップや協力関係、そして紛争解決テクニックなどを用いた経験があるなら、学校の教職員が行う外側からのコントロールの必要性はなくなるでしょう。次に説明する方法のなかには、あなたのクラスの学習計画を実行するうえで役立つかもしれない数々の提言が含まれていることでしょう。

Step 1　平等の意識を育むこと

　平等とは、家庭のなかで育むには難しい原理です。家庭では、自然な序列が家族一人ひとりの力の大きさを決定しています。教室という場所は、子どもに対して、彼もしくは彼女が権利や利益、そして集団の責任を平等に分かちもつこと、しかしその一方で、各々には集団のすべての成員に対して、他のすべての権利を認める義務があるのだということを認識させる初めての紛れもない好機となります。

> すべての者は、人として平等の価値をもつ。みんなという感覚は重要で、誰もが感じたことを表現する権利をもち、そして誰であろうと尊重される権利をもっている。

　幼い子どもたちにとって、グループで歌うことを学ぶのは、一人ひとりに貢献することを求めるひとつの練習です。そのうえ、分かちもつ気持ち、相手を気遣う気持ち、そして気持ちを伝えることについて語る子どもたちの好きな歌が数多くあります。子どもたち全員が参加して行うゲームの結果は、一体となること、参加すること、そして協力しあうことの恩恵について話し合う機会を提供することができます。さらに、年度初めには、何らかの理由で気後れしている子どもをクラスに取り込むことにもつながるはずです。お互いの人柄や気質のバランスがとれた仲間を注意深く当てがってやれば良い効果が得られます。

Step 2　個性を認めること

それぞれの子どもが、なにか特別なものやユニークなものを教室に持ち込むことを認め、そしてそれらの違いこそが教室に調和をもたらし一つにまとめ上げることを強調する、「あなたと知り合う」というスタイルのゲームを考えてみましょう。ゲームから教室へと、類似性を取り出してみましょう。たとえば、それぞれの子どもが、彼もしくは彼女自身、あるいは自らの家族のことや生まれた場所について、もしくは彼らがしたいことについて何かを話し、それについて教師やほかの子どもたちが、その事実から分かる個性やスキル、そして長所を指摘するという方法があります（「私には兄弟姉妹が4人います」——そのことはあなたを我慢強くするでしょう／「私は香港出身です」——あなたは私たちの知らない世界の一部を見てきたのです／「私はストリート・ホッケーをします」——あなたはチームの一員になる方法を知っています）。

一人ひとりの個性の違いが集団をもっと楽しく心地よいものにします。はじめは、人の気を散らせたり、人を悩ますかもしれない特徴から現れ出る資質に積極的に目を向けてみましょう。たとえば、じっとしていない子どもは、私たちみんなを学習プロジェクトに夢中にさせるだけの十分な力強さをもっています。涙ぐんでいる子どもは、どのような時に私たちがこれまで以上に親切で包容力をもたなければいけないかに気づかせてくれます。

Step 3　学校の目的を確認すること

子どもたちは、学校にやって来て、そして教室にいることで何を得たいのか自問します。私たちみんなには目指すものがあり、それを達成することで何か特別な存在になるということに目を向けさせましょう。このような問いや意見は、次に話し合いをもたらすかもしれません。私たちはこのようなことを自分だけでできるでしょうか。だからこそ、私たちは家族という集団のなかで暮らし、学校ではクラスという集団があるのです。私たちは互いに目指すものを得られるよう助け合います。このクラスの一人ひとりが他の子どもの成功を手助けすることに何かしらの貢献ができるのです。そのことをあなたはどう思いますか。おそらく、あなたは他の子どもが知らない何かを知っています。もしかすると、他の子どもが必要とする何かをもっているかもしれません。もしかすると、私がしていること（すなわち、おしゃべりや、奪い取ること）を止めることで、他の人々や私たちの

グループがもっとうまくいくかもしれません。この教室が他の誰かにとって幸せな場所となるように、あなたは何をすることができますか。〔私は、手助けできます、示すことができます、教えることができます、優しくなれます、励ますことができます、耳を傾けることができます。また私は、他の人を怖がらせることはしません、傷つけません、からかったりしません。〕もし人々が思いやりと尊敬をもってあなたに対応してくれるなら、あなたはどのように感じますか。

Step 4　クラスのルールをつくること

はじめのディスカッション：人が従うよう義務づけられるのはどのようなルールでしょうか。〔私たちに安全を保障するようなルールです。〕なぜルールは大切なのでしょうか。〔どのように行動し、他人が何を期待しているかを知ることができるからです。〕もし誰かがそのルールを破るなら、私たちはどうすべきでしょうか。〔ルールを破ることは誰かを傷つけることだということを教えてあげてください。傷つけられた人の気持ちを共感してみてください。〕罰を定めるのは大切なことでしょうか。

一般的なクラスのルールとそれを破ったときの罰との組み合わせをつくりましょう。これはグループで取組むべきものです。教師はルールのアイディアをたずね、黒板にそれらを書き出します（あるいは読めない人に対しては図で示します）。みんなのアイディアが記録されると、子どもたちは、どのルールが最も重要で、何よりも優先されるべきかについてたずねられます。それらを法的なルール〔私たちや私たちの財産を、他の人による侵害から保護するルールです。〕と社会のルール〔クラスをみんなにとって幸せで快適な場所にするルールです。〕に区別してください。次に、これらのルールは、子どもたちの勧めにしたがって優先順にリストアップされます。その後、最も重要だとみなすルールを最大7つまで選んで、それらを常設の計画表に書いて、教室の一番目立つ場所に掲示してください。

そこに盛り込まれるべきルールは、次の項目に影響を及ぼすようなものです。

1．個人の権利

すべて個人は、他の誰かから、たたかれたり危害を加えられたりしない権利をもっています。人は誰でも、穏やかで幸せに、そして安心して暮らす権利があります。誰もがプライベートな空間に対する権利と、さらに公共空間を共有する権利をもっています。人は互いに異なる存在で、様々な考えや意見をもつ権利を有

しています。またさらに、他の誰かを傷つけたり、居心地悪くさせたり、悲しませたり、心細くさせたりしないかぎりは、そのような考えを表現する権利をもっているのです。

2．一般的な学校のルール
教師は、すでに実施されており、子どもたちが従わなければならない幾つかの学校のルールに目を向けさせなければならないかもしれません。

3．社会のルール
これは任意です。子どもたちや教師の自由裁量で選択してください。これには次のようなルールが含まれます。
- ➡ 学校の備品や施設を交代で利用すること
- ➡ 人に対して思いやりと尊敬をもって接すること
- ➡ ガムをかまないこと、など

クラスのルールに従って行動することへの責務を確立すること
集団に対する責任――もしも幾つかのルールが破られたとすれば何が起こるでしょうか。私たちがルールをもっていなかったらどうなるでしょうか。次の質問をすることで、ルールに従って行動するように、子どもたちそれぞれから誓約をもらってください。皆さんは、クラスでつくったルールに従って行動することに同意しますか。このような同意を確実にするために、手を上げさせるか、高学年の子どもたちには次のような子どもたちが読める程度の書面での誓約をとっておくことも良いアイディアです。私は学校に通っているあいだ、クラスのルールに従って行動することに同意（できます／できません）。

Step 5　ルールを徹底すること
クラスのルールを破った場合に、どのような罰が科せられるかについて、子どもたちに提案するよう求めてください。教師は、違反に対して罰が適切でなければならないことや、それが過度に厳しすぎてはならないということを、子どもたちに確実に理解させるようにそれぞれの返答について必要であれば訂正しなければなりません。何のために罰するのか、子どもたちに説明したり、質問したりし

てください——つまり、ルールが破られれば誰かが苦しみ、一人が傷つけば、みんなが傷つくということを人が理解するのに役立つからで、あるいは他人を傷つけることを思いとどまらせたり、そしてクラスにおいて、みんなが安全で幸せに感じられたりするからです。いったい誰が、罰することに責任をもつべきでしょうか。それはふつう、違反行為によって傷つけられてきたグループです。復讐——つまり、あなたを傷つけたことに対して仕返しをすること——と、あなた自身の行為がもたらす苦しみとの間にある違いを説明してください。被害を受けたグループだけが、ともに考え行動し、そして結論をくだす権利をもつべきです。教師は、違反行為を行った者を罰する責任をめったに負うべきではありません。これこそはルールをつくるグループ集団の責任です。

　通常の場合、クラスのルールを破った行動にふさわしい罰は、特権を取消すことです。これは次のことを示唆しています。つまり、クラスには、子どもたちが心から楽しんで行っている事がきっとたくさんあるはずですが、そのような機会を取り上げることが、決められたルールを破ることを子どもたちに思いとどまらせるのに十分であろうということです。ルールはとても重要なので、教師と校長、もしくはその何れかのみが違反行為の対応に従事すべきであることを、クラスでははっきりさせておくべきです。誰かがルールを破る度に、クラス全員がそれに関わるのはまったくもって効率的とはいえません。ですので、教師とグループリーダーで組織された問題処理委員会が、ほとんどすべての重大な違反行為を扱う責任をもちます。教師は、子どもたちが深刻な問題と軽微な問題とを区別し、さらにたった一回の出来事からそれが繰り返される事態になると問題がどのように様変わりするかを理解できるよう手助けしなければなりません。委員会の組織については、"グループの組織化" について扱う際に説明します。

Step 6　コミュニティのなかでルールはどのように機能しているか？

　クラスのルールは、私たちの地域や町そして国を統制するルールと同じようなものであると説明してください。人は誰でも多くのルールのもとに存在し、誰もがルールは何かを知り、そしてそのルールに従う責任があります。自分が出会う物事にルールがあるかないか分からないときは、自分がしたいことにルールがあるかどうか自問してみることができます。それは次のような問いです。私たちがしたいと思っていることは安全なのか。誰かを苦しめたり、何かを壊したりしな

いか。それは公平なのか。もし誰かがそれを私にしたり、私の持ち物にしたならば、私は腹を立てないか、というものです。

　私たちの国はあまりに大きくなりすぎたため、ルールをつくりそれを守らせることを一人の人物に任せることはできません。したがって、国はたくさんの小グループ集団に分割され、そのグループ集団に属する人々は互いに責任をもちます。このような集まりは、州とか市とか、あるいは地区とか呼ばれます。各リーダーは、それぞれの集団によって指名されるか、もしくは選挙で選ばれますが、それぞれの集団がより大きなコミュニティや国といった集団の期待に確実に添えるように、彼らは協力し合います。

　実際に効果的に活動するにはグループがあまり大きすぎてはならず、おそらく一クラスあたり30名から32名の子どもたちというのは、効果的に活動するには数が多すぎることを子どもたちに指摘してください。もっとも、ルールをつくる一連の作業に貢献しようと彼らが試みたときに、そのことにすでに気がついたかもしれません。ひとたびクラス全員が大きなルール（クラス全員に影響を及ぼすもの）について一致したなら、毎日のクラス運営については小さなグループで管理されることがもっとも良いといっても差し支えありません。

Step 7　クラスを組織すること

　クラスを6〜8名の4つのグループに分けてください（教師は、それぞれ男の子と女の子、民族的バランス、力の強い子と元気のない子などが、それぞれのグループに公平に混ざりあうことを確保しながら、メンバーを選ばなければなりません。最も大切なことは、子どもたちがそれぞれ親しい友だちだけで同じグループになろうとすることを防ぐことです。君たちは友達の輪をひろげようとしているのだと説明してあげてください。)。各グループは、はじめに二人の候補者を選び分け、次に無記名投票で各メンバーが票を投じることによってリーダーを選びます。もう一人の候補者は、リーダーを補佐する立場となり、リーダーが欠席した場合には代理をつとめます。グループのリーダーは、一ヶ月間、その役割を果たし、一学年のあいだに、皆それぞれリーダーになる機会が与えられなければなりません。毎月の終わりに、グループのリーダーは別のグループにローテーションで移動します（自らの選択か、もしくはくじ引きで行います）。このことは、一人ひとりの子どもが一年間に二つの異なるグループに参加することになるということを意味しています。次に、グループ

には責務のリストが与えられます。リーダーの仕事は、それらが実行されているか、また皆が義務を果たし、グループの成功に寄与しているかを確認することです。

グループのメンバーが教室のなかで物理的にも互いに近くにいることは好ましいことです。これは一つの大きなテーブルを使用したり、机を一緒にならべたりすることによって達成されるでしょう。このことは、一年を通して、たくさんの学習プロジェクトに子どもたちが協力して取り組むことに役立ちます。

各々のグループには、ある程度、自主性が認められなければなりません。彼らは、クラスのなかの自分たちの居場所に対して、どのように整頓や飾り付けをし、いかに清潔で手入れの行き届いた状態を保つかに対して責任をもたねばなりません。グループで相談して、グループ名をつけても差し支えありません。ただし他の人を見下したり、過度に競争をあおったりするような名前については、教師は拒むことができます。教師が拒否権を行使するときはいつでも、なぜそうするのかを説明し、よりふさわしい行動のための指針が与えられるよう助言するべきです。

教師はそれぞれのグループに対して、個人としての責任とグループとしての責務を示し、グループはいかにして責務が遂行され、委託され、また説明されるかについて話し合いをもちます。

話し合いの内容に関するリストは、以下の通りです。

アカデミック・ワーク
- 個人の持ち物や学校の備品を整頓、保管、維持すること。
- 仕事の割り当てを行うことや完了した作業を取りまとめること。
- 割り当て表を管理すること。
- 共同プロジェクトに取り組むためにグループを組織すること。
- チューター制度（peer tutoring）とバディ制度（buddy system）の両方あるいはいずれか一方の制度を設けること。

社会的なアクティビティ
- グループは軽微なルール違反を解決します。
- グループのリーダーは、より深刻なルール違反にリーダーとして対処す

るために、教師とともに問題処理委員会を組織します。問題処理委員会は、ルールを審査したり修正したりするために、必要に応じて、あるいは週に一回の割合で開かれます。
- ➡ 社会的な活動、もしくは音楽・芸術・体育をテーマにした行事などの特別なプロジェクトに向けて、クラスで計画をたてて準備をします。

［毎週一時間、おそらく金曜日の午後にでも、グループの一つに、クラスの学習を豊かにする活動を開発し、提案する機会が与えられてよいでしょう。そのような活動とは、物語の上演、ロール・プレイ、模擬裁判、あるいはクラスの他の子どもたちにとって楽しい何らかの活動のことです。これらは、一年を通して特別休暇を使うなどして実施されるかもしれません。各グループは、おそらく月に一度、このような活動を行う機会が与えられるでしょう。そして、イベントの計画と準備は、彼らみんなで努力するための目標となるでしょう。管理運営および支援は教師によって行われなければならず、本書の別の章で提案される種々の活動が含まれているかもしれません。］

整理整頓の義務
- ➡ クラスに求められる、たくさんの習慣的な整理整頓作業を行わせるために、必要なら教師はそのグループを用いることができます。期待されていることがはっきりと分かるものであれば、グループはそのことに責任をもつとともに、各メンバーにそれらを割り当てます。高学年の子どもたちなら、何が必要とされていて、どんな責任が割り当てられているかを判断することができます。

グループがしなければならないことを達成できなかったということは、そのグループの監督したり応用できる能力に付随した結果であると考えるべきです。協力して仕事をすることを学んできたグループは、校正、編集、訂正、朗読、綴りの練習、算数ドリルのような学習課題に対して、お互い助け合うという理想的な状態まできています。この考えは、子どもたちに互いに助け合い、教え合い、そして学ぶことの責任を分かち合うことを促します。グループは、いかに彼らが効果的に協力し合ったか、ルール違反がなかったか、そしていかにうまくグループとして教材を学んだかによって評価されることになります。成績評価の一部は、

他のグループと比べて、いかにうまくグループ活動を行ったかということに基づきます。ただし、クラスのグループ間で、あまりに競争心を強くもたせないよう注意してください。

　各リーダーは、グループの運営方法について指導を受ける必要があります。そして、毎月はじめには、新しいリーダーのために簡単な打ち合わせを開催すべきです。彼らには、後で争いが起こらないよう下された決定に注意し、責務を他の人に委ねる手順が示されるべきです。さらに、彼らは成し遂げられたことに対して評価を得る方法について学ばなければなりません。リーダーは、グループのメンバーが彼らの成長や成果について、毎週末に教師に報告するためのレポートをまとめる手助けができるようにならなければなりません。レポートの形式は、低学年の場合には、表にシールを貼りつけるようなごくシンプルなものでよく、高学年になるにつれて、各メンバーによってまとめられた簡単な文書の提出を求めるなど、より複雑なものになっていってもよいでしょう。これらの報告は、生徒が主導する保護者と教師との協議会において重要な要素となります。その協議会は成績評価の手続の一部になる場合があります。

　このような試みの多くは、自立的かつ機能的な単位となるようグループを支援することによって、うまく進められることができます。そこでは、子どもたちは教師の期待を確実に理解し、そして割り当てられた責務を果たす方法と機会が与えられます。本章で提案したグループ活動の構想は、クラスの組織やグループの習慣的な任務を容易にするために用いることができるのではないでしょうか。子どもたちには、他の目的やプロジェクトのために組織された別のグループで活動する機会が提供されるべきです。そうすれば、彼らは一年を通して、他のグループの子どもたちとも協力して行動することができます。このことは、各グループの子どもたちにそれぞれ1番から8番までの番号を割り振り、時には、特別プロジェクトのために同じ番号の子どもを一つのグループで作業するよう集め、また毎回その番号を混ぜ合わせることによって達成されるかもしれません。

問題処理委員会

　クラスのすべての子どもたちは、一年のうちで一ヶ月は、リーダーとしての立場のローテーションの一環で、問題処理委員会の委員を務める機会が与えられ、それぞれが仲裁や問題解決のスキルを学び実践する機会を得ることでしょう。月

初めに開催されるリーダー会議では、問題を確認し仲裁する方法に関する指導を教師が行う時間も設けられるべきです。基本的な問題解決スキルは、以下のことを含意すべきです。

気づくこと

問題処理委員会のメンバーは注意を怠らず、次のような問題の初期兆候を見分ける必要があります。

- ➡ 別の名前で呼ばれたり、脅されたりしている子ども
- ➡ ゲームで仲間はずれにされている子ども
- ➡ あまりに乱暴なゲームや、互いに攻撃的な行動をとる子どもたち

報告を受けること

事件が起こって委員会のメンバーがそれに気づいた場合、彼もしくは彼女は、かかわった子どもたちに近づき、その他の子どもたちには解散するよう求めます。

介入するための戦略は次の通りです。

- ➡ 問題処理委員会のメンバーだと名乗ります。
- ➡ 仲裁することを申し出ます。
    - ➡ かかわった子ども一人ひとりに、何が問題であったのかをたずねます。
    - ➡ 誰がこの問題について責任があるのかたずねます。
    - ➡ どうすればこの問題が解決できるのかをたずねます。
    - ➡ 当事者たちが解決策に同意するなら、この案件はそれで解決とされ、報告も必要ありません。

仲裁者は争いに巻き込まれてはなりませんし、その状況が当時者間の怒鳴りあいのけんかになることを許してはなりません。仲裁者が手助けできないような状況にあるとすれば、大人を呼ぶべきです。その際、大人は仲裁者である子どもの補助者として、彼らの目論見を補強する役目を果たすべきです。時には、当事者たちを引き離し、冷却期間をおくとともに、クラスの問題処理委員会のヒアリングで報告が求められることを説明しておくとよいでしょう。そのヒアリングは、

深刻な場合には、問題が起こったあと可能なかぎり早急に行われなければなりません。

問題処理委員会のガイドライン

　早い段階で仲裁を試みた子どもたちは、問題処理委員会が開催された場合、その委員会でその時の状況を説明しなければなりません。争いの当事者たちは、その後、彼らの立場や、どうしてその問題を解決できなかったのかについて説明する機会が与えられなければなりません。一人の子どもに責任があることが明確であるなら、委員会はそのことを正式に確認すべきです。そしてその子どもは、どのような罰がふさわしいのか問われなくてはなりません。委員会の決定に同意するなら、その子どものために、得られた結論について報告するよう取り決めが結ばれます。事件の記録は保存され、三度、同じ子どもが同様のあるいは似たような違反を理由に委員会にやってくるようなことになったときには、教師はより重大な罰に向けた作業に関与しなければなりません。懲戒処分が告げられるべきですが、違反を行った子どもが十分に彼もしくは彼女の行動を改心し、一ケ月以内に同じような違反を繰り返さなかったときはその処分が取り消されるべきです。違反した子どもに対して、教師が優しさと愛情をもって接することを示すのは効果的です。それは他の子どもたちにも同じように接することを促し、また必要であればですが、懲戒処分に対して前向きに対応するよう働きかけます。

教師による準備と評価

　教師は、学習面においても社会的な活動の面においても、各グループの成長を記録するためにウォール・チャート（wall chart, 教室の壁に貼る大きな図表の意－訳者）を準備すべきです。グループの記録係には、そのチャートを最新の状況に保つ方法について指導されるでしょう。そして、完成されたチャートは、月末のグループ報告の一部となるでしょう。月末報告には、完成されたチャートとともに、グループの一員であることについて好ましいと思う点とそうでない点に関する各メンバーの意見、任務報告やグループの週末の活動に対する評価、さらにグループそれ自体やグループの活動場所での一般的な立ち居振るまいに対する評価が含まれていなければなりません。

　教師は、ふさわしいと考えられる範囲で、任務を達成することへの柔軟性を子

どもたちに与えることができます。そのような特権は、手際よく、満足できる方法で任務を達成した子どもたちにまで拡大されることでしょう。特権には、図書館に行ったり、静かにボードゲームを楽しんだり、図画工作に取り組んだり、あるいはコンピュータで作業するチャンスが含まれるかもしれません。すべてのグループが、一定期間のあいだに、課された任務や期待を首尾良くやり遂げたなら、全グループの特権は、屋外活動の時間や社会見学、あるいは特別なランチといったようなものへと拡張されるかもしれません。こうしたインセンティブは学年の始まりの時点で各グループには知らせておくべきです。

　グループでの作業を容易にするにあたって、教師に求められる役割は、クラスが始まる前にあらかじめ幾つか準備をしておくことです。それには、グループの大きさをどのくらいにするかということや、グループ・メンバーの任務などについての決定が含まれるでしょう。また、部屋の配置であったり、学習教材を分けたりすることも、このような準備のプロセスの一環となるでしょう。グループがすでにつくられているときは、力を合わせて取り組んだり、グループや個人の任務をやり遂げるために協力するよう、絶えず子どもたちを励ますことが大切です。こうした作業は、グループの目的を示したり、成長への道のりをスケジュール化したり、期待されていることを説明したり、そして好ましい振るまいを特定したりすることによって促進されます。次の段階は、グループ活動を観察して、必要とあれば課題に対する支援を与えることです。教師はまた、グループでの話し合いをやめさせ、次のレッスンや活動に移るよう手助けします。子どもたちの学びの質や量に対する継続的な評価、さらにグループの働きに対する評価は、こうした作業の重要な一部であり、それらの評価は毎月末に開催されるグループ協議会によって円滑に行われます。グループ協議会には保護者も参加することができます。それによって保護者と一緒に、子どもたち自らが行ったことを振り返り、グループの体験を共有する機会が与えられるのです。

　以下は、子どもたちがルールを策定し、グループで取り組む際に役立つ教師用のガイドラインです。あわせて、問題処理委員会の設置や働きについての指示も含まれています。

民主的なクラスを組織するための教師用ガイドライン

推奨されるクラス・ルール
➡ たたいたり、嫌なことをしたりしない
➡ 学校や他の人の持ち物に対して、妨害したり、傷つけたり、壊したりしてはならない
➡ 罵ったり、悪口を言ったりしてはならない
➡ 威嚇してはならない（愚弄したり、脅したり、苦しめてはならない）
　追加項目として任意で：（社会のルール──クラス全員が心地よく楽しくいられるために）
➡ 教室で、つばを吐いたり、ガムをかんだり、食べ物を口にしたり、帽子を被ったり、自由に動き回ったり、邪魔をしたりしてはならない

学校のルールを具体化すること
➡ クラスのメンバーの承認を得る
➡ クラスのメンバーから誓約をとる
➡ ルールに従わないことによって生じる結果（罰）を子どもたちが理解する

グループのガイドライン
構　成
➡ 最大8人までの子どもで組織され、年間を通して組織されます。──リーダーは月毎にローテーションで回っていきます。
➡ グループは月初めに集められ、可能性のある2人がリーダー候補に推薦されます。各メンバーは、自分たちのリーダーの選択に一票を投じます。
➡ グループで推薦され選ばれた子どもは、一年のうち一ヶ月だけ、リーダーとして働きます。その後、リーダーとしての期間が終わると、新しいグループに移ります。
➡ サブ・リーダー──2番目に候補に指名された子どもは、グループの記録係となり、リーダーが欠席した場合には、その代理を務めることができます。
➡ 各グループ・メンバーは、一ヶ月間、担当する仕事を引き受けます。（こ

れらは、クラス組織によっても異なりますが、清掃や宿題集め、先生のアシスタント、グループのチャートの維持管理、進捗状況の報告などを挙げることができます。)

リーダーの責任
➡ 月初めに行われる教師との集まりの際に行われるリーダー・トレーニングへの参加
➡ 週に一度のグループ・ミーティングの運営（時間は必要に応じて、15分から30分くらいと異なります）
➡ 個々人に対する責務の割り当て
➡ チューター制度のペアの割り当て
➡ グループで行う月例活動セッションの企画
➡ 月末レポートの作成に向けた指示や支援
➡ 問題処理委員会への参加
　➡ グループ・メンバーによるルール違反の報告を受理すること
　➡ 必要な場合に、問題処理委員会でのヒアリングの予定を決めること
　➡ 予定された問題処理委員会の会議に参加すること

問題処理委員会のガイドライン
グループのリーダーによるルール違反報告の受理
　➡ 仲裁への試み
　➡ 必要だと判断した場合、教師への報告
　➡ 教師と各リーダーで組織される問題処理委員会の会議の招集。

違反した子ども（たち）は、委員会に呼び出され、次のような質問をたずねられるでしょう。
1. 何が問題ですか。
2. これは誰の問題ですか。
3. あなたは何をしたいと思っていたのですか。
4. どのような選択肢なら、あなたは受け入れることができますか。

➡ 違反した子どもの同席のもと、問題処理委員会による簡単なブレーンストーミングによる実行可能な解決策

➡ 問題処理委員会と違反した子どもが、取るべき具体的行動に対して同意に至ります。

➡ 委員会メンバーの一人は、その問題が満足いくように解決されたか見届ける責任を負います。

参考文献

British Columbia Teachers Federation. (1994). *Report of the Task Force on Violence in the Schools*. Vencouver, B.C.

Carter, Margaret. (1980). "Law and values in American society." In L. Falkenstein and C.Anderson(Eds.), *Daring to Dream: Law and the Humanities for Elementary Schools*. Chicago, IL: American Bar Association Special Committee on Youth Education for Citizenship.

Dreeben, H. (1968). *On What is Learned in School*. Reading, MA: Addison-Wesley.

Falkenstein, Lynda Carl & Anderson, Charlotte C.(Eds.). (1980). *Daring to Dream: Law and the Humanities for Elementary Schools*. Chicago, IL: American Bar Association Special Committee on Youth Education for Citizenship.

Newman, Fran. (1993). *Children in Crisis*. Toronto: Scholastic.

Tyler, Tom R. (1990). *Why People Obey the Law*. New Haven, CT: Yale University Press.

第5章
物語劇を通して法を見る

ヘザー・ガスコイン

> 子どもたちは物語が大好きです。物語に参加することができれば、登場人物の経験を知るだけではなく、感じることもできます。物語劇により、法の目的と必要性について、深い理解が得られます。

　法とはどのようなもので、法がどのように働いているかを子どもたちはどのようにして学ぶでしょうか。道はたくさんありますが、その中でも、法を「生活の中で」知ることはとても大事です。普段は気づきませんが、法は人間の活動のほとんどすべての面に影響を及ぼしています。私たちの人間関係を規定するのも法ですし、私たちの行動の限界を定めるのも法です。法は、法に従わない人から私たちを守ってくれますし、他人の違法行為によって被害を受けたときに、救済を与えてくれるのも法です。法の効果がなければ、私たちは通りを歩くことも、バスに乗ることも、クラブに入ることも、買い物をすることも、映画を観ることもできません。

　子どもたちが直面するであろうすべてのシナリオを想定することは難しいです。それを教室で再現するのはなおさらです。しかし、もし再現できるのなら、子どもたちは問題をどのように扱うべきか、自分の決定が他人にどのような影響を及ぼすか、自分の決定が法執行にたずさわる人々にどのように解釈されるかを、現実の社会で問題に直面する前に見極めることができます。シミュレーション訓練により、子どもたちはよりよく問題点を見出すことができるようになり、決定を行う能力を高め、自分の行動の結果を評価することができるようになります。若い子どもたちにシミュレーション活動をやらせようとするならば、一番良い方法は、子どもたちを物語の中に誘い込むことでしょう。

教育のテクニックとして劇を利用する

　小学校の教室での私の経験から言うならば、劇により子どもたちは様々な世界を体験することができ、新たな知識を得ることができ、態度の切り替えを経験できるということです。演劇活動により、何かについて単に学習するのではなく、経験そのものから学ぶことができます。演劇により、子どもたちは状況を評価し、問題解決のために協力して行動し、他者の経験を自分の生活に関連づけ、自分が学んだことを熟慮することができるようになります。教師の責任は、子どもたちがすでにもっている知識や技能と他者の経験とをうまく繋げることができるように手助けすることにあります。演劇に参加することで自分ではない役柄を割り振られますので、子どもたちは異なる場所や異なる時間に自分を置いてみること、他者の目線からものを見ることができるようになります。また、その経験から新しい理解を得ることもできます。

　ここでは、演劇そのものについて、つまり、観客のために演じられる演劇について論じているのではありません。ドロシー・ヘズコートが言っています。「劇場での演劇と教室での劇の違いは何か。劇場ではすべてが作り込まれていて観客を楽しませるものであるが、教室での劇は参加者が楽しむものだ」(1979, p.147)。教室に観客はおりません。教室の全員が参加します。教室の劇は、経験に「参加する」機会を与えるもので、役柄を「演じる」ことと混同してはなりません。物語で表現されている人間の葛藤は、その役を演じる子どもに、その経験の中から考えさせ、あたかも自分の悩みであるかのように問題を検討し解決させることができます。設定は、参加者が心底打ち込むことができ、問題を徹底的に考え、選択肢を検討し、新しい決定を下すことができるように、十分に説得力のあるものでなければなりません。他の人の視点を経験することは、態度を変えさせ、新しい理解を生み出すために不可欠なことです。ヘズコートも「子どもたちが、劇で演じられることの裏側にある大事なことを理解できるように助け、普遍的に通用する考え方を身につけられるようにすること」を熱心に説いています。「一度経験すれば、子どもたちはそれをずっと忘れない」からです (p.36)。

物語から始める

　劇は、単に物語を「演じる」こととは違います。劇活動を始める出発点としては、文学作品を使います。「劇は、物語のアイディア、人物の関係性、物語の文言を解き明かすためのツールになる。物語と劇に飛び込むことで、子どもたちは登場人物の生き方への興味と、子どもたち自身の心の中での冒険や自分自身の生活を制約しようとする葛藤とを結びつけることができる」(Barton and Booth 1990, p.136)。劇を通じて、物語は、子どもたちの想像力を解き放ち、考える力、そして自らを口頭で、書くことで、美術を通じて表現する能力を高めます。物語を、劇を通じて深め、発展させていくことにより、子どもたちはその意味するところを新たに発見し考えることができるようになります。劇は、いくつかの異なる分野を統合し、カリキュラム全体にわたって活用することができます。

　物語を体験することで子どもたちは、社会の中での自分たちの立場を理解し、そのなかで機能する力を獲得することができます。そして、社会の利益に貢献したいという願望が生まれます。キャロル・ターリントンは、子どもたちのために何年も働き、教育に劇の要素を持ち込みました。彼女の論文「なりきり劇：思考を高める戦略 (Role Drama: A Strategy which Promotes Thinking)」では、劇は単なる表現媒体にとどまらないと指摘しています。彼女は、劇を行うことは認知過程であり、その過程で、子どもたちは「問題に直面し、態度を検討し、概念を把握し、問題を解決し、調査し、観察し、批判的に聞き、判断を行い、熟考し、言葉を操り、他の人と協力し、検討中の課題の内容を学び取る」と信じています(1982、p.1)。私の経験によると、児童文学に基づく劇を使うことは、法がどのようにつくられ、どのように機能し、なぜ必要なのかを、子どもたちが知り、理解することを助ける最も効果のある、最も成功した教育戦略でした。

　物語に基づく演劇活動を行おうとする教師は、使える物語のレパートリーを揃えておく必要があります。本章の最後に、教室で法に関わる学習をよりよいものにするために使った物語のリストを注釈付きで載せました。しかし、物語の劇を使う戦略は、様々な教育の場面で使うことができるでしょう。

　　教育も学習も、ある種の想像力—世界中のあらゆるカリキュラムガイドも太刀打ち

できないもの——を発揮することがなければ、代わり映えのないものになってしまうだろう。あなたは教室を、物語があふれ出し、物語が学びと言語能力の向上の主たる手段であるようなものに変えたいと思っているのだろう。しかしそれなら、あなたの熱意を日々の実行に反映させよう。最初はどのように動くか。物語の利用をどうやって発展させればよいか。物語はどうやってみつけるか。言ってみれば、あなたの思いつきは、どのようにして日々の出来事への驚くべき変成を遂げられるのか。それを可能にするのは、子どもたちとあなた自身の想像力を働かせた熟考だけだ。自分の創造性を信じなさい。(Barton & Booth, 1990, p.91)

どうやって始めるか？

　私の経験を1つ例として示しましょう。2年生の社会科で、コミュニティについて1単元学んだときの経験です。物語を教室で語る前に、私は子どもたちが役割を演じることができるように準備する期間を設けました。この訓練は個人的な、または集団としての参加を促す信頼醸成の役割があります。たくさんの劇に関する本が、この信頼醸成のための活動のやり方を教えてくれます。私のお薦めはキャロル・ターリントンとパトリック・ヴェリアーの Offstage: Elementary Education Through Drama（1982, Oxford UP）、そしてボブ・グレッグソンの The Incredible Indoor Games Book（1982, Fearon Teacher Aids）です。劇の前の活動により、子どもたちは想像力を拡げ、自分の感情や考えを伝える訓練ができます。このような活動を、一年を通じて行うと、集団の中に信頼感が生まれます。教師も子どもたちも、いくつもの違う役割の中でお互いを見ることができ、お互いの関係をもつことができるからです。

　劇の前の活動を計画するときには、学ぶ目標について考慮しなければなりません。目標は活動が進んでいくにしたがって変更され、追加されるものですが、教師は、教えられている概念のより深い理解のために、どのような物語と劇の経験が好ましいかについて、明確な意識をもっていなければなりません。コミュニティに関する単元では、たとえば、子どもたちがコミュニティ構造のどこに属しているかを理解すること、子どもたちが両親、家族、近所の人たち、コミュニティのための労働者、選挙で選ばれたリーダーたちの責任について理解することが大事でした。子どもたちは、自分に影響のある法と規則がどのように生まれ、

なぜどのようにして執行されるのか、知る必要がありました。子どもたちは、すべての人がコミュニティの利益に貢献しなければならず、すべての人がコミュニティの中で安心で居心地が良いと感じなければならないことを理解する必要がありました。若い子どもたちには、このような概念を抽象的な形で評価することは難しいのですが、子どもたちが物語のなかのコミュニティ構成員としての役割を与えられると、本当の意味がわかってくるのです。

　学ぶ目標が必要であるとしても、重要なのは参加者が物語劇の方向性と推進力を決められるようにしてやらなければならないということです。物語の枠組みとコンテキストを決める事前の準備は必要ですが、物語劇の結論は登場人物の判断と行動から生まれなければなりません。劇を始めるのは教師ですが、子どもたちにあらかじめ決まっていた結論を押しつけてはいけません。子どもたちが、自分たちでありうる選択肢を見つけ出し、責任をもって決定できるようしなければなりません。教師の役割は、子どもたちに選択肢を熟考し、よりよいものにするよう求めることです。実際、子どもたちの決定の帰結を考察することは、事後解説の重要な部分です。事後解説では、その日その日のシナリオの展開を振り返りますが、その先のストーリーがどのように続くのかに何らかのインパクトがあります。ただし、ストーリーの展開を規定してしまってはいけません。

　ある登場人物の役柄を与えることで、教師はある種のリスクを引き受ける意思があると表明していることになりますし、子どもたちにそのリスクをシェアすることを呼びかけていることにもなります。教師がある役柄を演じることで、子どもたちの劇体験をより広く深いものにすることもできるでしょう。「劇のレベルを深めることは、教室では教師なしにはできない。教師こそ、教室の子どもたちを一般的なアイディアから劇的なフォーカスへと、さらには普遍的な目線へと導くことができるのだ」(Wagner, 1974, p.59)。子どもたちが劇に入り込み、その選択の意味を熟考するのを手助けすることで、そして、安易な逃げ道をふさぐことで、教師はすべての行動を意味あるものにすることができます。重要な役割の1つに、ペースを緩めさせることがあります。それによって、アクター達は何が起こったのかを分析することができますし、自分たちが学んできたことを、物語劇の残りに当てはめるだけではなく、自分たちの生活上の経験へとうまく移植することができるでしょう。

　最終的な目標は、子どもたちが劇の方向に関する責任を負うことができるよう

にエンパワーすることにあります。子どもたちのサジェスチョンを受け入れることによって、子どもたちは劇体験に身体レベルだけではなく、認知レベルや感情レベルにおいても打ち込むようになるでしょう。それぞれの子どもに、自分たちが演じる役割に何か個人的なことを持ち込むことを許してやることも必要です。ドロシー・ヘズコートはこれを、「内なるものから始める」と呼んでいます。「子どもは、1つの経験と、それとは重要な点でよく似た他の経験の間の関係をよく見ているので、体験は比較によってより明確にされなければならず、新しい状況に当てはめる機会が与えられねばならない」(1979, p.52)。

　最後に、劇の体験に入り込む道を見つけるための時間を参加者に与えることが重要です。自分自身の立場と役柄をつかむには時間が必要です。これが可能になるような活動とディスカッションとを用意しておきましょう。参加者が劇の登場人物に同一化すると、劇のプロセスにおける真に迫った考えと、明確な態度が生まれるでしょう。そして、グループ活動に対するエネルギーが発揮され、真の学びが得られる「気づきの瞬間」へと近づくでしょう。子どもたちが自分自身や他者に関する理解を徹底的に深めていくのを促すのに、これよりよい教育方法を私は知りません。忘れないでください。他者を「演じる」のではありません。自分の経験を劇のプロセスへの参加を通じて磨き上げるのです。それにより、理解の変化と知識の深化がのぞめるのです。

物語劇：ハーメルンの笛吹き

　ここでは「ハーメルンの笛吹き」を選びました。この物語では、社会的争点と法的争点の両方を考えることができます。ハーメルンの人々は、自分たちが選んだ市長が笛吹き男との契約に違反したことで、子どもを失うことになりました。市長は、笛吹き男に町のネズミを退治できれば1200ギルダーを払うと約束していました。しかし、笛吹き男がネズミを退治しても、約束したはずのお金は支払われませんでした。笛吹き男は、町の人々に教訓を与えるため、笛で魔法の曲を吹いて町の子どもたちを連れ去り、仕事への報酬が全額支払われるまでは子どもたちを返さないと言いました。町の人々は、どうやって子どもたちを取り返すか悩みました。

セッション1

　教室の子どもたちを、読み聞かせのラグのところに集めて、私はこのよく知られた物語の1つのバージョンを語りました。終わったところで、私は本を閉じて、立ち上がり、老人のように部屋を歩き回りました。そして、教室の子どもたちに次のように説明しました。「私は町の市長で、あなた方（町の人々）を町の緊急集会に招集した。皆さんと話し合わなければならない重要な問題がある。皆さんは私のことを怒っているかもしれない。皆さんの請願は受け取っているし、皆さんが市庁舎の前を行進しているのもみた。皆さんが私に怒るのも当然だ。笛吹き男との約束を守らないという私の決定があったからこそ、結果として子どもたちは居なくなってしまったからだ。しかし、ここで皆さんの理解と赦しを請いたい。問題解決のために市長を続けることをお許しいただきたい。」

　私のこの「演技」は、子どもたちの間で活発な会話を誘発しました。子どもたちはすぐに、取り乱した親の役になりきりました。そして最終的に、1人の町人が、「誰にでもセカンドチャンスは与えられるべきだから」、やらせてみるべきだと宣言しました。彼らの寛大さは、とても印象的でした。教室の子どもたちは、私が市長としての責任を果たさなかったことを知っていましたが、同時に私を市長に選んだことである種の責任が自分たちにあることも理解していました。私たちは、子どもを失った町の人々の不幸について話し合いました。これによって、教室の子どもたちは、演じるべき町の人々の考えていることをつかむことができました。町がどんな様子かを知ることができ、コミュニティにおける自分たちの役割が何であるかを説明することができ、苦悩を共有することができました。私は、皆が依存しあっているコミュニティの一部になることを子どもたちに経験して欲しかったのです。

　ある子どもは、自分はお菓子屋さんの店主で、町の子どもたちが消えたことで稼ぎがなくなったと言いました。他の子どもはおもちゃ屋さんで、誰もおもちゃを買わなくなったと言いました。そこで、私はそれがすべて自分の責任で、自分の失敗のせいだと言いました。そして、彼らの同情を買うために自分の判断を正当化しようとしました。つまり、1200ギルダーは他の目的のために、たとえば、学校の新しい屋根の工事のために、もっといい公園をつくるためにとっておきたかったのだと。ある子どもは、自分は学校の先生だと言って、今公園がどれだけ静かで寂しいかを説明しました。そこで、私は、町の子どもたちを取り返すため

の計画を立てなければならないと宣言しました。そして、話しあい、町の壁に画を描こうということを決定しました。笛吹き男が町の子どもたちを連れて帰ってきたときに、子どもたちが壁の画で自分たちの家がわかるように、です。

ここで、役柄を演じることをやめて、その後の時間を画を描いて過ごしました。私たちは、町の家や建物だけではなく、居なくなった子どもたちも書こうと決めました。これでセッション1は終わりました。そして、金曜の午後にもう一度物語劇をやろうと決めました。近所に住むアーチストのキャロルを招きたかったからです。キャロルは前にも教室に来て、授業に参加したことがありました。子どもたちは、キャロルにも物語劇に参加して欲しかったのです。

セッション2

金曜日のお昼休みにキャロルと私は教室をハーメルンの町の壁の画で囲みました。それを見た子どもたちはすぐに劇を思い出しました。子どもたちが描かれたそれぞれの「建物」前の位置につくと、私は歩き回り始めました。楽器箱にあった鈴を鳴らしました。子どもたちはすぐに走ってきました。そして集まってくれたことに感謝し、笛吹き男と交渉する方法を考えなければならないと言いました。まず、正確に何人の町の子どもが居ないのかを数えることから始めました。居なくなった子どもの名前と年齢のリストをつくりました。教室の子どものうち1人が、劇に入り込みにくそうにしていたので、彼を「ティミー」と呼び、彼を「他の子どもについて行けず戻って来た町の子ども」という設定にして話しかけました。彼は、その特別な役割を与えられてほっとしていました。彼を子どもたちが連れ去られた山の入り口がどこにあるかを知っている唯一の人物ということにしたのです。彼の知識には計り知れない重要さがありました。そして、笛吹き男とどうやって交渉するのかがしばらく話しあわれ、笛吹き男に町がどんなに悲しんでいるかを書いた手紙を送ることが決まりました。

そう決まってから、非常に濃い議論が展開されました。1200ギルダーを支払うべきかどうかです。私は、契約がどんなものか、人々が契約を結んだときに負う義務はなにかを説明しました。町の人々のほぼ半数は、笛吹き男は自分の義務は果たしたのだから、お金をもらう権利があると考えました。しかし、他の子どもたちは、お金を払わずに町の子どもたちを取り戻せないか試してみるべきだと言いました。そこで私は、お金を払わずに済ませるオプションは、契約に沿わない

ので問題があるのではないかと言い、笛吹き男側の約束は誠実に実行されたということ、私たちの側の義務が果たされていないことを思い出してもらいました。子どもたちに、そのような決定の帰結を予測し、コミュニティの良い一員として自分たちの義務を見直して欲しかったのです。議論は、どのような選択を行うかを考える時間になりました。これは、悲嘆に暮れる親たちとして、またはコミュニティのメンバーとして問題解決に関わった教室の子どもたち全員にとって、とても強力な学びの体験だったといえます。

　私たちは最後に、投票を行い、多数決にしたがうことを決めました。その結果、子どもたちを取り返し、さらに学校の新しい屋根や公園も手に入れることができるように、手紙と一緒に「偽物の」1200ギルダーを送ることになりました。そこで、私は、笛吹き男に対して誠実な態度をとらないと良くない結果を招くのではないかと警告しました。ティミーが私たちを山の麓まで連れて行き、手紙を置いてこようということになりました。ここで役から離れて、キャロルが中心になって手紙に何を書くかを相談しました。また、子どもたちは、笛吹き男に、町の子どもたちが居なくなって私たちがどれだけ悲しんでいるかを知らせるために絵を描くことにもしました。その後はしばらく手紙を書いて過ごしました。

セッション3

　キャロルは金曜日の午後に、大きな綺麗な柄のショッピングバックに、その日の劇のサプライズになるようなものを詰めて持って来ていました。

　私たちはまず、書いた手紙を読み、ティミーに届けてくれるよう渡しました。私たちはティミーが手紙を校庭の反対側の岩の上に置くのを見ていました。そして、隠れ場所に戻って待っていました。突然教室の子どもたちのうちの1人が、1人の子どもがやってきて手紙を読んだのを見たと言いだしました。ティミーとキャロルは、手紙を置いた場所に何か残っていないか見に行くことにしました。帰ってきたキャロルは、岩の近くで見つけたものがあると言いました。彼女はくるみの殻を持っていました。開けるとそこには丸めた小さな紙が入っていました。紙には、町に帰ってみなさい、そうすると子どもたちから届いたものが見つかるはずだというメッセージが書いてありました。教室に戻ると、ショッピングバッグに「町の親たちへ」というラベルが貼ってありました。子どもたちは皆ラグに座り、キャロルがバッグの中にあったものをみせました。貝殻、羽根、亀の

形のパン、ジンジャーブレッド・クッキー、いい匂いのする石けん、お面、その他いろんな面白いものがありました。劇はその後もセッションを行い、結論がうまく導き出されるまで続きました。結論はクラス毎に違うものになります。劇活動の最後に、私がまとめて、笛吹き男と町の人々双方がどのような法に違反したかを説明しました。そして、人々が法を無視し、他人の権利を考えなければ何が起こるかを話し合いました。また、私たち自身のコミュニティで起こりうる同じような良くない振る舞いと、それが私たちに及ぼす影響についても語り合いました。結論として、私たち自身を守るために法が必要だということ、そして皆が法に従うことが重要であるということを確認しました。

これは、物語劇によって得られる様々な可能性の1つの例に過ぎません。このやり方が面白いのは、ただ物語を読むのではなく、物語を実体験することができ、それを通じて、重要な教訓、子どもたちにとって容易に忘れることのできない教訓が得られることです。以下に挙げたのは法的争点を含む物語のリストです。どの物語も、物語劇に使える素材です。物語劇をいくつも経験すると、カリキュラムの中で使え、子どもたちのニーズにもあった、あなた自身の物語のリストを作ることができるでしょう。

物語劇用の文献リスト

※ 以下のいくつかの物語は、最後まで一通り読んで、そこから「物語劇」を始めるのが効果的です。その他の物語では、物語の途中のある箇所で一度（または何度か）立ち止まって、そこから始める方が効果的です。

（訳注：邦訳があるものについては日本語の題名を記載。サマリーに題名の訳を書いた作品には邦訳がない。）

Alexander, Lloyd, *The King's Fountain*, E.P.Dutton and Co., Inc., New York, 1971.
　サマリー　「王様の噴水」　賢い学者、弁の立つ商人、屈強な金属細工師ができなかった王様の不正の追及を貧乏な男がすることになった。王様は、宮殿に大きな噴水を作ろうとしていたが、それによって村の水が無くなることに。
　論点　どのようにすれば、貧乏な男と村人達は、王様と権力者達が正しいリーダーシップを発揮し、権力を濫用しないように説得することができるか？

立ち止まる箇所　「男は、がっかりして、トボトボと家路につきました。そして近所の人や家族に、噴水を作るのをやめさせることのできる人は見つからなかったと言いました。」

Bell, Anthea, *The Wise Queen*, Picture Book Studio, Neugebauer Press, 1986.（ヨーロッパの民話）
サマリー　「賢いお妃様」　この話では、王様が大臣に不可能に見える様々な仕事を命じる。大臣には賢い娘がいて、大臣にどうすれば王様の望みをかなえられるかを助言した。王様はこれを聞きつけて、その娘をお妃にすることにした。しかし、王様は裁判所で自分のすることに口出ししないように命じる。ある日、お妃は王様の裁判所での判断ミスにより子牛を失ったという男の子にあった。そこでお妃は男の子に、もう一度訴えてみるように言う。
論点　財産権・所有権　誤った裁決の上訴
立ち止まる箇所　「『うちの雌牛は子牛を生んだんです。だけど、どこかのだれかが王様の所へ行って、自分のうちの馬がそれを産んだと言い立てたんです。裁判をした王様は、そいつの言うことを信じちまったんです。』お妃は言いました。『もう一回裁判をすればいいのよ。』」

Birch, David, *The King's Chessboard*, Dial Books for Young Readers, New York, 1988.
サマリー　「王様のチェスボード」　賢人は報酬無しで王様に仕えていたが、王様は賢人に褒美を与えたいと強く主張した。王様にわかってもらうため、賢人は、一見すると簡単な褒美を頼んだが、それは、王様が約束を守ることができないところまで増えてしまうものだった。
論点　契約法—片方の当事者が合意内容を理解していない場合に、契約は執行可能か？契約の合法性に関する少額訴訟のシミュレーション、ディベート、模擬裁判の機会となる。
立ち止まる箇所　「すこし経ったあと、お妃は言いました。『王様、賢人にいって、約束を無かったことにしてもらうべきですよ。それしかありませんよ。』」

Calmenson, Stephanie, *The Principal's New Clothes*, Scholastic Inc., N.Y., 1989.
サマリー　「校長先生の新しい服」　校長のバンディー先生は、町一番のおしゃれ。子どもたちは、毎日学校を休みたくなかった。校長先生の着ているものがみたいから。モーとアイヴィは、校長先生に、「めったにない特別な服」をプレゼントした。それは「仕事が出来ない人やお馬鹿さんには見えない」といって。最後に、皆が言いたくても

言えなかったことを幼稚園児が言い放った「校長先生、下着のままだ」。

論点　契約法：子どもたちはモーとアイヴィを少額訴訟法廷に連れて行き、校長先生が信用して服のために払ったお金と損害賠償を回収するかどうかを決めることができる。校長先生は自惚れ屋で馬鹿だったかもしれないが、モーとアイヴィは不誠実で契約の内容を守らなかったから。

立ち止まる箇所　物語の最後

DePaola, Tomie, *The Mysterious Giant of Barletta*, Harcourt Brace Jovanovich, 1984.

サマリー　「バーレッタの謎の巨人」　バーレッタという平和な村の住民が、侵略してくる軍隊から村を守る方法を考えなければならなくなる。

論点　人々は、クリエイティブな問題解決に一緒に取り組んで、村と村人が大事にしている平和な生活を守るために暴力的でない計画を考えつかなければならない。

立ち止まる箇所　「謎の巨人には、誰も笑いかけませんでした。手を振る人も居ませんでした。子どもたちは、誰も巨人とは遊びませんでした。」

Englander, Karen, *The Streets are Free (Nowhere to Play)*, Annick Press Ltd., 1985.（原著者 Kurusa）

サマリー　「道路は自由だ（あそぶところがない）」　ヴェネズエラのカラカスの子どもたちは、町がどんどん大きくなり、空き地や森を呑み込んでいくので、遊ぶ場所が無い。小川は下水道のようになってしまった。子どもたちは通りで遊ぼうとする。しかしついに、市長の所に行って、遊び場を作って欲しいと訴えることに。大人達は忙しくて手伝ってくれない。子どもたちは署名をあつめて市役所に訴え出た。市のお役人たちは、悪評を恐れて、子どもたちの訴えを受け入れるそぶりを見せたが、約束を守ってくれなかった。子どもたちは他の手段を考えざるをえなくなった。

論点　環境法、子どもの権利、選挙で選ばれた人々の責任、メディアの力

立ち止まる箇所　「『僕たちの遊び場はどうなるの？』と子どもたちは尋ねました。すると大人は決まってこう答えました。『政治家ってのは約束ばかりしているけれど、ちっとも守ってくれないんだ。』」

Evans, Katherine, *The Boy Who Cried Wolf*, Albert Whitman and Co., Chicago, 1960.（様々なバージョンがある）

サマリー　「オオカミ少年の物語」　ある男の子は、冗談でオオカミが来たという警告をして、村の安全を損なった。あるとき本当にオオカミが来たが、村人たちは彼を信じず、彼の要求に応えなかった。

論点 コミュニティの責任、公共の安全、ウソ。村人たちは、この男の子の悪ふざけへの対策をとるために集まらなければならない。
立ち止まる箇所 物語の最後

Hoban, Russell, *The Dancing Tigers*, Jonathan Cape Publishers, London, 1979.
サマリー 「踊るトラ」 王様と召使い達はトラを退治しようとした。トラのコミュニティーは、黙って運命を受け入れることを拒否した。トラたちは、自分と周辺の環境を守るための方法を考えようとした。
論点 環境法、絶滅危惧種の保護
立ち止まる箇所 「『皆の衆よく聞け』、長老が言いました。『わしの周りの世界は突然変わってしまった。あの王が領地のことをよく知っているのと同じで、わしも自分の周りの土地をよく知っている。しかし、いま、なぜこんなばかげたことが出来るのかわからん。』」

Hughes, Monica, *A Handful of Seeds*, Lester Publishing Ltd., Toronto, Ontario, 1993.
サマリー 「一握りの種」 おばあさんが亡くなり、コンセプシオンには面倒を見てくれる人がいなくなった。彼女は、町のヒスパニック居住区に移らざるを得なくなった。おばあさんが野菜の育て方を教えてくれたので、コンセプシオンは、野菜の種を持っていくことにした。
　コンセプシオンが他のホームレスの子どもたちと暮らし始めると、その子どもたちは生きていくために物売りの屋台から食べ物を盗む方法を教えてくれた。コンセプシオンは、菜園を作ろうと決心し、子どもたちに食糧を育てる方法を教えようとした。そうすればもう盗みなどしなくてすむから。
論点 盗み、子どもの権利
立ち止まる箇所 「『ここにいなよ。おれたちが、がらくたを集めて売る方法や、物売りの屋台から見られずに食べ物を盗む方法を教えてやるよ。』コンセプシオンは驚いて叫びました。『それは盗みよ！』」

Karlins, Mark, *Salmon Moon*, Simon and Schuster Books for Young Readers, New York, 1993.
サマリー 「サケの月」 サラとおばあさんのマンコウィッツ婦人には、魚市場で働くルッツ氏という親友が居た。ルッツ氏は、ある日、世界一綺麗なサケが氷の上で売られているのをみた。サケはまだ息をしていた。その夜、3人は魚市場に忍び込んで、サケを助け出し、海に帰してやろうと決心した。パジャマのままサケを抱えて3人が

死にものぐるいで通りを走っていると、魚市場の主人が追いかけてきて叫んだ。「停まれサケ泥棒！」この素晴らしい物語にはマジカルなエンディングがある。
論点 市民的不服従――もっともな理由があれば法に反してもよいか。この物語は、ディベートや模擬裁判に向いている。
立ち止まる箇所 物語の最後

Keeping, Charles, *Miss Emily and the Bird of Make-Believe*, Hutchinson of London, 1968. 邦訳：チャールズ・キーピング（やぎたよしこ訳）「エミリーさんとまぼろしの鳥」（ぽるぷ社、1979）
サマリー ジャック・ラティはスズメを捕まえて綺麗に色を塗り、それを「まぼろしの鳥」として売っていた。エミリーさんは、彼の悪事に気づき、近所の子どもたちと一緒にラティ氏と市場で対決することにした。
論点 野生の鳥を捕まえ違法に販売すること。虚偽広告。
立ち止まる箇所「エミリーさんは、鳥かごを もって、子どもたちを さがしに でかけ、『ジャック・ラティに あうとき、てつだってほしいんだけど』と、たのみました。エミリーさんと子どもたちは、口を きっぱり むすんで、マーケットへ こうしんしていきました。（やぎたよしこ訳）」

Levine, Arthur A., *Pearl Moscowitz's Last Stand*, Tambourine Books—A division of William Morrow and Co., Ltd., New York, 1993.
サマリー「パール・モスコウィッツの最後の抵抗」 パールと姉妹たちは、家の前の銀杏並木の美しい通りが好きだった。パールが成長するにつれて、近所は変わり始めた。並木はどんどん切り倒され、最後の一本になってしまった。そして町はもっと開発を進めようとして、最後の銀杏の木も切り倒されることになった。近所の、様々な文化的背景をもつ家族たちの助けを借りて、「パール・モスコウィッツの最後の抵抗」が始まった。
論点 都市計画へのコミュニティの参加、市民的不服従、議員へのロビーイング、メディアの力、環境保護
立ち止まる箇所「大胆に、そして堂々とパールは木の方に歩いて行き、木の幹と自分を鎖で巻き付け、ロニーに錠前をつけさせました。そして、ロニーに『お母さんを呼んでおいで』と言ったのです。」

Polacco, Patricia, *Applemando's Dreams*, Philomel Books, New York, 1991.
サマリー「アップルマンドの夢」 アップルマンドには素晴らしい特別な才能があった。彼が明るく美しい彩りの素敵な夢をみると、他の子どもたちはその夢がアップル

マンドの頭の上に浮かんでいるのを見ることができた。子どもたちはアップルマンドの夢を気に入っていた。ある雨の日、アップルマンドの色つきの夢はずぶ濡れになってしまい、それが村の建物の壁に貼り付いてしまった。村人たちは子どもたちがウソをついていると思った。彼らはアップルマンドの夢の話を信じなかったのだ。それで、子どもたちを、許可無く他人の財産に色を塗ったことで処罰するべきだと考えた。村人たちがアップルマンドの夢の価値をついに知るのは、アップルマンドの不思議な能力が子どもたちの命を救ってからだった。

論点 落書き、バンダリズム、罰、コミュニティサービス

立ち止まる箇所 「『誰かが家や店に色を塗ったんだ』ある人が言いました。『誰がやったのよ』怒った女の声がしました。『必ずこのイタズラの下手人を捜し出してやる』市長はそう言って、集まった人々を見渡し、子どもたちに目を止めました。子どもたちはアップルマンドの夢で染まっていたからです。『おまえたち！』市長は怒鳴りながら近づいてきました。『何をやらかしたんだ！』」

Pomerantz, Charlotte, *The Princess and the Admiral*, Addison-Wesley, Reading, MA, 1974.

サマリー 「お姫様と提督」（この物語は13世紀にフビライ・ハンのモンゴル海軍がヴェトナムに侵攻した事件に触発された昔話である） 小さな王国の人々は、皆貧しい農民か漁師だった。あまりに国が貧しいため、他の諸国から戦争を仕掛けられたことがない。小さいけれど賢いお姫様、マット・マットは、平和が100年続いたことを祝って、お祭りと花火を計画した。しかし3人の大臣たちは、彼女に悪いニュースを伝えた。漁船からの報告によると、大きな艦隊がこの小さな王国に向かって来ているので、お祭りは開けないというのだ。艦隊は2日後にやってくるという。

論点 財産と生命の保護、戦争と平和

立ち止まる箇所 「お姫様はつぶやきました。『砦もない、兵隊も居ない、武器も無い、軍資金も無い。…何か他のものを当てにするべきだわ。』」

Stevens, Kathleen, *Molly McCullough and Tom the Rogue*, Fitzhenry and Whiteside Ltd., Toronto, 1982.

サマリー 「モリー・マッカルーとならず者のトム」 トム・デヴリンは、疑うことを知らない農民たちをペテンにかけて暮らしていた。彼は、そのあたりで一番裕福な農夫を見つけると、その農夫の農地を探り、その農地に宝が埋まっているかのような宝地図を作り、その家を訪ねて食事と宿を提供して欲しいと頼んだ。その夜、トムは交渉し、農夫に農地の一部を売ってもらうことになった。そして、寝る前にわざと宝地図を農夫に見つかるように置いておいた。もちろん農夫は、翌朝、気が変わったから

土地を買い戻させてくれ、それなりのお返しもするから、とトムに言った。
論点 契約法、誤情報に基づく土地の売買
立ち止まる箇所 「そして次の朝、農夫はトムに気が変わったと言いました。土地は売り物じゃ無かった、だからトムにお金を返すと言うのです。トムはいつものように憤慨して言いました。『取引は成立したんだ。みんなは、あんたがコロコロ態度を変える男だと知ったらなんて思うだろうな。』」

Sussex, Rayner, *The Magic Apple*, Methuen Children's Books, London, 1979. 邦訳：レイナー・サセックス（しろたあいこ・しろたやすゆき訳）「マジック・アップル―まほうのりんご」（成星出版、1998）
サマリー わがままな村長は、ポッターさんの木から、願いを叶えてくれる魔法のリンゴをとってきて市民を欺いた。皆が求める新しい粉ひき風車（古いものは焼け落ちてしまった）ではなく、彼の物置に置いた樽が金で一杯になるように望んだ。ところが、リンゴの魔力は失われ、願いを叶えてもらうことは不可能になった。お願いが自分勝手だったから。
論点 市長の行動について町はどのような決定を行うべきか。選挙で選ばれた地位を市長はどのように利用したか。市民たちはこの問題をどうすれば民主的なやり方で解決できるか。この状況から何か得るものはあるか。
立ち止まる箇所 「ふうしゃではなく じぶんのための きんかを そんちょうが おねがいしたのを しって むらのひとは おこり…（しろたあいこ・しろたやすゆき訳）」

Tayler, Barbara, *The Man Who Stole Dreams*, Women's Educational Press, Toronto, 1950.
サマリー 「夢を盗んだ男」 町の人々は、夢が誰かに盗まれているため、睡眠が邪魔されていることに気づいた。悪魔のような痩せた男が夢を盗みだし保管していることがわかった。痩せた男は、夢を売ろうとした。人々は、夢を必ず買い戻すだろうと考えたから。
論点 痩せた男は、正当に手に入れたのではないものを売る権利があるか？人々は、どのようにして夢を取り戻すことができるか？模擬裁判にも使える。
立ち止まる箇所 「『だめだ』痩せた男は叫びました。『この夢は全部俺のものだ。』」

Vernon, Adele, *The Riddle*, Dodd, Mead and Co., New York, 1987.
サマリー 「謎かけ」 狩りの途中、森の中で迷ってしまった王様は、貧しいけれどもそのことに満足している炭焼きに、食事と水をもらった。炭焼きは謎かけをしたとこ

ろ、王様は多いに興味をそそられた。王様は、炭焼きに謎かけの答えを、自分と100回対面するまで、誰にも言うなと頼んだ。しかし、後日、炭焼きが約束を破ったと思って、王様は怒った。

論点 炭焼きは約束を守ったのか？この物語は、この論点に関するディベートの良い機会となる。法の文言にしたがうことだけが求められるのか。もしくは法の意図するところをくみ取って行動することが求められるのか？

立ち止まる箇所 「『約束は守りましたとも！』炭焼きはにやりと笑って答えました。『御家臣の方が下さった王様のお顔が彫られた金貨を百枚全部拝ませていただきましたから。』」

Wildsmith, Brian, *The Tunnel*, Oxford University Press, Oxford, 1993.

サマリー 「トンネル」イギリスのモグラ、マーカスは、フランスにいる従兄弟のピエールを訪ねようと思った。そこで両岸のモグラは、英仏海峡の下にトンネルを掘ることにした。他の動物たちの中には、良い考えだというものもいたが、他の動物は上手くいかないと言った。水の中の魚などの生き物は、環境が悪化し、自分たちの生活が影響を受けるのではないかと恐れていた。

論点 様々な争点を議論するポイントがたくさんある。例えば、建設規制をどのようにみたすか、官僚とどのように交渉するか、騒音規制、コミュニティの権利と開発業者の権利、公正な補償、「発展」対環境保護

立ち止まる箇所 この短い、楽しいお話は、どのような争点を考えさせようとしているかによって、ほぼすべてのページで立ち止まることができる。

Wildsmith, Brian, *The Owl and the Woodpecker*, Franklin Watts Inc., N.Y., 1971. 邦訳：ブライアン・ワイルドスミス（さのまみこ訳）「ふくろうときつつき」（らくだ出版、1982）

サマリー 森の動物たちは、フクロウとキツツキの間のいさかいを解決して、森の平和共存を取り戻したいと思っていた。どうやって解決できるか。フクロウは昼間に寝るのが好きなのに、キツツキが昼間に木をつつく音が気になって眠れない。フクロウもキツツキも別の場所に行くこと了承してくれない。

論点 森のコミュニティはこのジレンマを解決しなければならない。おそらく、何らかのガイドライン（法）をつくって、森の皆が平和に暮らせるようにしなければならないだろう。

立ち止まる箇所 「ふくろうは かんしゃくを おこしました。ほう ほう なきながら どなりちらしましたので もりじゅうの どうぶつたちが あつまって きました（さのまみこ訳）」

Wildsmith, Brian, *Professor Noah's Spaceship*, Oxford University Press, 1980. 邦訳：ブライアン・ワイルドスミス（きくしまいくえ訳）「うちゅうせんノア号」（らくだ出版、1983）

サマリー 森とその環境が汚染によって破壊されつつあった。動物たちは世界を守るために協力し、汚染を止める方法を一緒に考えなければならない。

論点 環境を守るためにコミュニティは協力しなければならない。環境変化の影響と環境に関する法を学ぶ良い機会となる。法は強力だろうか。実効的だろうか。コミュニティのメンバーは法をよりよいものにするために協力できるか。

立ち止まる箇所 「ライオンは、ためいきをつきました。『このままでは、ほんとにあぶない。どうしたらいいだろう』（きくしまいくえ訳）」

Yolen, Jane, *The Seventh Mandarin*, The Seabury Press, New York, 1970.

サマリー 「七人目のお役人」 よい王様は、統治のためには、国の法だけではなく、国の人々のこともまた知っていなければならないことに気がついた。

論点 書かれた法はすべて完全に正しいか、書かれていないことは正しくないと言えるか？

立ち止まる箇所 「まさにその夜、王様と七人のお役人はある町へ出かけました。その町で今後王国をどのように統治していけば良いか話し合うため人々に会うことになっていたからです。」

Zwerger, Lisbeth, (original by Oscar Wilde), *The Selfish Giant*, Picture Book Studio, Neugebauer Press, London, 1984. 邦訳：オスカー・ワイルド（文）、リスベート・ツヴェルガー（絵）（北村太郎訳）「わがままな大男」（富山房、1987）

サマリー 7年間不在だったワガママな大男は、自分がいない間に自分の庭で子どもたちが遊んでいるのを見つけた。子どもたちにとってそこは、素敵で安全な唯一の遊び場所だったが、大男は庭の周りに塀を作り、門のところに「進入禁止」の立て札を立てた。

論点 庭は彼のものなのだから、大男にはそのようなことをする権利があった。子どもたちは「進入禁止」の立て札に従わなければならない。しかし、子どもたちは、大男の気持ちを変え、庭を皆に開放させる方法を見つけることができるか。

立ち止まる箇所 「みんなは学校の授業がおわると、高いへいのまわりをぶらぶら歩きながら、なかのきれいな庭を思いうかべて、『あそこにはいれたときは、ほんとにたのしかったなあ！』と口ぐちに語りあいました（北村太郎訳）」

※言葉遊びの延長で法的論点を検討するために有用な物語の例：

Ahlberg, Janet and Allen, *The Jolly Postman or Other People's Letters*, William Heinemann Ltd., London, 1986. 邦訳：ジャネット＆アラン・アルバーグ（佐野洋子訳）「ゆかいなゆうびんやさん―おとぎかいどう自転車にのって」（文化出版局、1987）

サマリー ゆかいなゆうびんやさんが、次のような郵便を運んできます。

1 「3びきのくま」へ
差出人 ゴールディロック―熊のおかゆをたべ、熊のイスを壊してしまったことを謝罪する。
論点 不法侵入、窃盗
活動 裁判官になって「量刑決定」をしてみる。ゴールディロックに相応しいコミュニティサービス（奉仕活動）をブレインストーミングしてみる。

2 「おかしの家の魔女」へ
差出人 「小悪魔商会」の商品広告、「ご満足いただけない場合には返金いたします」という保証付き
論点 虚偽広告
活動 虚偽広告をめぐる少額訴訟法廷のシミュレーション（魔女対会社）

3 「(ジャックとマメの木の) 大男」へ
差出人 ジャック
論点 不法侵入、窃盗
活動 少年犯罪、模擬裁判

4 「シンデレラ王女」へ
差出人 笛ふき出版社
論点 広告、著作権
活動 子どもたちは、シンデレラと笛ふき出版社との契約を起草する。

5 「おおかみ」へ
差出人 赤ずきんちゃんの弁護士
論点 他人の財産（おばあさんの小屋）の違法な占有、不法侵入
活動 子どもたちは、立ち退き要求を起草する、模擬裁判を行う。

6 「ゴールディロック」へ

差出人　ねんねこおばさんとあかんぼう

論点　郵便法、偽造通貨、子どもの権利

活動　子どもたちは招待状を書き、手紙の配達プロセスと私信を保護する法律について学ぶ。子どもたちは、偽造通貨が使われる実際の状況を研究する。

第6章
同調圧力を、法に関わる文学作品を通じて
コントロールする

マーガレット・ファーガソン

> 法に関わる教育を通じて獲得した思考は、有益なものを多くもたらしますが、そのひとつに、児童が同調圧力（peer pressure）をコントロールすることに役立つ、というものがあります。本章は、文学作品を用いてこれらの力を発展させる授業の具体例を示します。

　私たちは、意識的な大人として、若年者の生活における仲間集団が大事であることは認めるものの、そのマイナスの影響を懸念するものです。私たちの児童に、強い自意識と、同調への不断の圧力を克服する力を発展させるには、どうしたらよいのでしょうか。法に関わる教育は、子どもたちに、自身の気持ちや意見をより積極的に述べ、情報をより評価でき、正しい権威とは何かを識別でき、衝突を前向きにコントロールし、倫理観をより内面化することに役立つといえます。というのも、法に関わる教育は、児童に、権威、多様性、責任、そして正義といった、基本的観念への理解を探求させ、発展させるからです。法に関わる教育は、意思決定プロセスと、「裁判所に行く」以外の方法も含めた、衝突を解決するしかたを探求します。法に関わる教育は、民主的な社会の動きに積極的に貢献しようと考える際の、人々が有すべき価値観や態度についても追究します。そして、もっとも重要なこととして、法に関わる教育に携わる者は、以上のような理解、力、そして態度を教える適切な方法を、幼少の子どもを手始めに、見いだしてきたのです。

　児童文学作品は、これらの能力を展開するうえで、うってつけの味方です。ここで、著名な作者の多くが、自らを他者として、つまり、成長するなかで、仲間とは違う者とされ、しばしば拒絶された存在として扱われたものとして言及する点に、留意しましょう。これらの作者は、その作品において、子どもたちどうしがどれほど残酷になりうるかを、ためらうことなく想起させています。さらに、

彼らは、私たちが教師としてなし得る以上に、よりよくそれをやってみせるのです！用いられることばと登場人物の設定は慎重に練られており、どちらかといえば不愉快ないし苦痛な出来事もユーモアで和らげられているので、読者は、お説教を食らうことなく、そのメッセージを受け取ることができるのです！これに加えて、教室で使われる小説の多くは、私たちはよりよいことができるという、希望の念を伝えてくれます。

　写実的な物語は、写実小説の登場人物が、教室にいる児童と同じように、親、教師、兄弟姉妹、そして友人たちとの間で生じる衝突に直面するため、好個の素材となります。このため、それほど肩肘張らなくとも、フィクションの場面から現実の生活へと思考をめぐらすことができます。子どもたちは、小説の登場人物がした選択を吟味し、学んだことを自分たちの暮らしに直ちに応用することができます。こんな具合で、本というのは、現実の生活を映し出すのです。

　おそらくよりいっそう重要なことは、写実小説を通じて、子どもたちに、これまで経験したこともなく、またこれからも経験することのない場面や衝突にふれる機会をもたらす、ということです。よくできた小説では、現実の生活では関わることもまったく想像しなかった登場人物たちに、子どもたちが共感する、ということがしばしば起こります。読者は、つかの間のあいだ、まったく違う誰かの立場に、文字通り置かれることになるのです。自分たちとは違うけれども同じような人々とこうして接することは、相違に対して寛容であることを養い、ひるがえって、本章のテーマである同調圧力を考える上で有益であるという点で、極めて意義があるものです。こういうわけで、本とは、子どもたちがより広い世界を覗くことのできる窓といえます。

概念の展開

　この同調圧力というテーマ一般には、いくつかの重要な概念があり、そこには、友だちという概念があります。実のところ、友情というのは、以下に続く学びの活動すべてを考える上で、統一する主題として機能しうるものです。

　このテーマで他に重要な概念としては、衝突、権威、多様性、責任、そして正義、があります。これらの概念は、法的概念にとどまるものではありません。これらは、従来からある教科の枠を横断するものなので、教師は、いくつかの異な

る教科で、これらの概念を展開して作業することができます。確かに、これらの概念は、法の世界では固有の意味をもっているかもしれませんし、それが授業活動の焦点となることも時にはあるでしょう。しかし、法は、価値観や理念というものを、宗教、道徳、そして自然科学から借用もしているのです。このレベルでの児童の目標は、これらの概念の理解を広げることにあります。

　これら6つの概念のそれぞれについて、「スパイダーマップ」の修正版を示しました。これらの概念に関する情報はもちろん網羅的なものを意図してはいませんが、学びの活動を展開する手段として使うことができます。さらに、これらのマップは、教師に簡便な参考図を提供するものです。主な要点は対角線上に配置し、補助的な要点は水平線上に示してあることに注意してください。

106　第6章　同調圧力を、法に関わる文学作品を通じてコントロールする

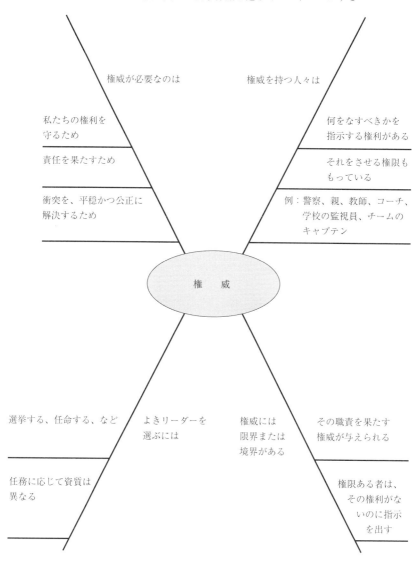

概念：権威（Authority）

概念の展開 107

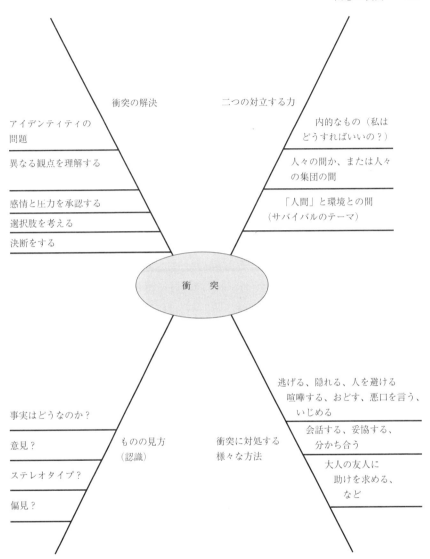

概念：衝突（Conflict）

108　第6章　同調圧力を、法に関わる文学作品を通じてコントロールする

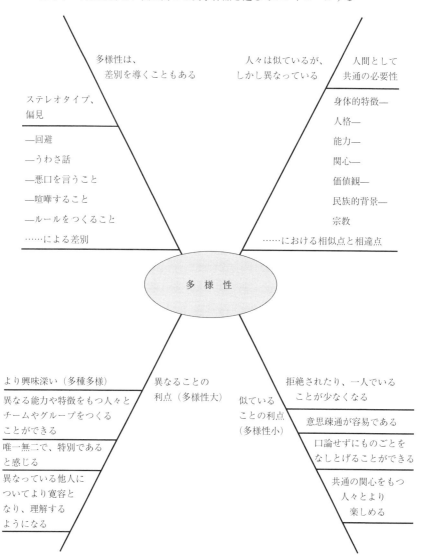

概念：多様性（Diversity）

概念の展開　109

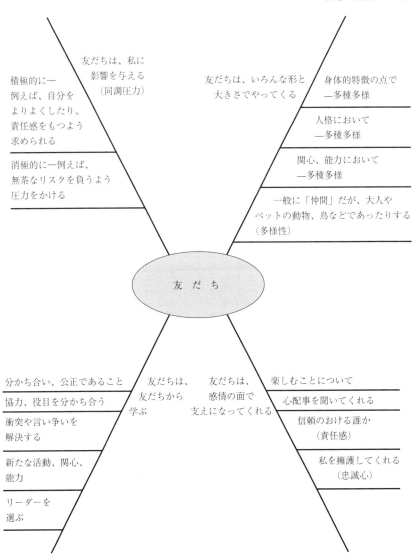

概念：友だち（Friends）

110　第6章　同調圧力を、法に関わる文学作品を通じてコントロールする

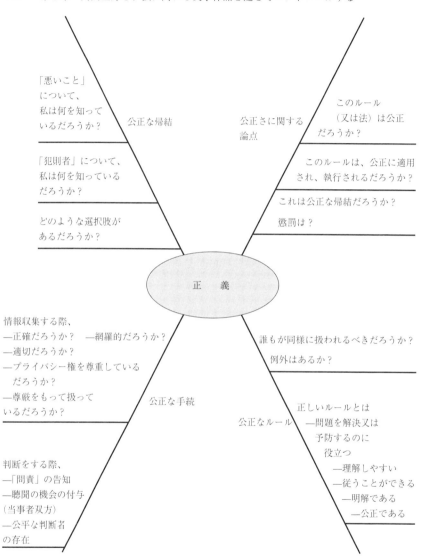

概念：正義（Justice）

概念の展開　111

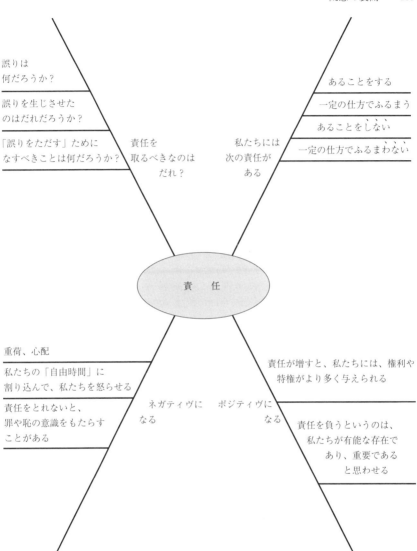

概念：責任（Responsibility）

対象作品

　7つの図書を選び、法に関する概念をめぐる議論がどのように展開するかを示します。これらの図書は提案だと考えていただき、ふさわしい本は他にも実に多くあるということにも留意してください。また、本章では写実的な物語を取り上げますが、児童文学作品の他のジャンルも、友情や、権威・責任・正義等々の概念をテーマとしています。

　どの本を使うか迷う場合は、学校の図書館司書か、最寄りの公立図書館に相談しましょう。司書は、賞を獲得した本のリストや、子どもたち自身がおすすめの本のリストを用いることができます。国際読書学会（International Reading Association）の各地の会議に参加するのも、新たな教授のアイディア、新しい本、そして新たな作家を知っておくよい方法ですので、検討に値するでしょう。最後に、リストと出版物については、カナダ児童書センター（Canadian Book Centre）に照会してみましょう。

　本章では、以下の図書を取り上げます。

年少者向けの本（絵本）

- 『なかなおり（*The Quarreling Book*）』
- 『けんか（*The Hating Book*）』
- 『クッション（*The Pillow*）』
- 『からすたろう（*Crow Boy*）』

年長者向けの本（物語〔chapter books〕）

- 『僕の名誉にかけて（*On My Honor*）』
- 『スパイになりたいハリエットのいじめ解決法（*Harriet the Spy*）』
- 『檻（*Cages*）』

　「ストーリーマップ」というあらすじを示す手法で、教師にその本がどういう内容かを簡単にわかるようにしてあります。以下の各ストーリーマップには、友情というテーマと、法に関する6つの概念に基づく設問と活動が用意されています。

ストーリーマップ

概念：権威、衝突の解決、正義

図書：『なかなおり（*The Quarreling Book*）』（1963年）シャーロット・ゾロトウ文、アーノルド・ローベル絵。Harper & Row Publishers〔みらいなな訳・童話屋、2008年〕

主な登場人物：
　　ジェームズ氏　　　　　サリー・ジェームズ
　　ジェームズ夫人　　　　エディ・ジェームズ
　　ジョナサン・ジェームズ　マージョリー・ジェームズ
　　　　　　　　　　　　「わんこ」

問題：
　ジェームズ氏は、仕事に出かける前に、奥さんにキスするのを忘れてしまった。これに加えて天気が悪いことが、ジェームズ夫人をとても不機嫌にした。
　　出来事：ジェームズ夫人は、ジョナサンが汚れたシャツを着ているのに怒り出す。
　　出来事：ジョナサンは、のろまといってサリーをばかにする。
　　出来事：サリーは、マージョリーのレインコートを悪くいう。
　　出来事：サリーは、弟のエディを「よわむし」とよぶ。
　　出来事：エディは、わんこをベッドから追い出す。

解決策：
　わんこは、この責任転嫁の連鎖を断ち切る。わんこの優しい反応が、彼または彼女が傷つけた人物と「なかなおり」させるよう、みんなをしむける。

『なかなおり』　シャーロット・ゾロトウ作

概念：権威、衝突の解決、正義

1. この物語では、だれもが「ボス」風にふるまっていただろうか？——指示を出したり、なすべきことを他の誰かに言ったりするように（ジェームズ夫人はどうか？）

　　「権威（AUTHORITY）」という語の辞書での定義をみてみましょう。たとえば、「指示を出しかつ他人に従わせるか、若しくは特定の行動をとる力又は権利」という意味があります。ジェームズ夫人には、ジョナサンに対し、

汚れたシャツを脱ぐよう指示する権利があると考えられるでしょうか？
（ジェームズ夫人は、ジョナソンの母親であり、学校にはきちんと清潔な服装で行かせるよう責任があるので、この指示を出す権威があった）

2．権威を持つ人間はさらに、公正に行動しなければなりません。この物語で、不公正に行動したのはだれでしょうか？どうしてその行動が不公正であると考えますか？

3．その他の権威を考える……子どもたちが行きそうなところ、たとえば、学校、スーパーマーケット、消防署、教会、音楽教室、水泳教室、等々を挙げてみましょう。次に、これらの場所の「責任者」、たとえば、教師と校長、店の経営者、消防署長、聖職者、音楽教室の先生、ライフガードの人、等々を挙げてみましょう。これらの人々が、その仕事の一環として、どのような指示を与えなければならないだろうか、議論してみましょう。

4．時には、そのような権利がないのに、親分風を吹かせる人々がいます。どのような例があるでしょうか？ジョナサンはその妹サリーに親分風を吹かせ、サリーはエディに威張り散らしています。これらの人々は、人を従わせる力をもっているかもしれませんが（たとえば、身体が大きいから）、しかし権威をもっているわけではありません。

5．年長者をクラスによんで、年長者の責任と、その責任を果たす上で与えられた権威にはどのようなものがあるか——たとえば、校内パトロール、廊下の監督、チームのキャプテンなど——について、話してもらいましょう。

6．次の童謡のフレーズはどのような意味でしょうか？
「棒と石は、私の骨を折るかもしれないが、言葉は私を傷めない（"Sticks'n'stones may break my bones but words can never harm me".）」
言葉が人を傷つけないというのは本当でしょうか？　言葉は、ジョナサン、サリー、マージョリー、そしてエディを、どれだけ傷つけたでしょうか？

7．責任転嫁とは何でしょうか？（正当な理由なく、だれかを責め立て、あるいは非難すること。）この物語で、責任転嫁はありましたか？

8．わんこではなくあなたがベッドに横になっていたとして、次の解決法のうち、けんかを止めるためにあなたが採るものはどれでしょうか？

➡ 10まで数えて、立ち去って頭を冷やす。

- 笑って冗談を言う（「僕、ベッドから転げ落ちるのが好きなんだ……」）。
- エディに、「どうしたの？」とたずねる。
- エディに、「わけもなくベッドから追い出すなんて、ムカつくなあ」、という。
- 他にはどんなものがある？

9. 「感情を伝える」言葉をたくさん知らないと、自分がどう感じているかを他人に伝えることは難しいものです。感情を伝える言葉、例えば、怒っている、幸せだ、悲しい、不機嫌だ、頭にきた、すまない、がっかりした、といったもののリストをつくりましょう。このリストは、児童ががっかりして感情を爆発しそうになったときに行く「休憩コーナー」に掲げておくのもよいでしょう。

10. 言葉の力……人の呼び方（いま使われているもの以外のものも含めて！）のリストを集め、配布しましょう。児童に、それらの呼び方を、呼ばれたい呼び方といやな呼び方の二つに分けさせましょう。

    あなた（honey）　いとしい人（sweetheart）　ハンサム（handsome）　いやな（ugly）　デブ（fatso）　ヤセ（skinny）　バカ（dumbo）　かしこい（smart）　大人びた（mature）　下品な（mean）　オタク（nerd）　すごい（awesome）　ゆがんだ（cross-eyed）　おろかな（spastic）

    くだらない（cheap）　スノッブ（snob）　よそ者（foreigner）

11. 『ベレンスタインくま一家、けんかをはじめる（The Berenstain Bears Get In A Fight）』

    〔Stan Berenstain & Jan Berenstain, The Berenstain Bears Get in a Fight (Random House Books for Young Readers, 1982)〕を読むと、家族間での衝突解決について、もう一つの説明が得られるでしょう。

12. あなたが経験した、手に負えなくなったけんかについて書き出してみましょう。どうやってそれを終結させましたか？

13. この「帰結を予防する」というテーマを、理科の授業活動にも広げてみましょう。

ストーリーマップ

概念：衝突の解決、正義

図書：『けんか（*The Hating Book*）』シャーロット・ゾロトウ文、ベン・シェクター絵、Harper & Row Publishers〔みらいなな訳・童話屋、1997年〕

主な登場人物：

　「私」（少女）

　「あの子」（私の親友）

問題：

　少女は、「私、友だちなんて、だっ、だっ、だーいきらい」といいます。そのわけを考えるぐらいなら、死んだほうがましだとか！

　　出来事：友だちは、スクールバスで私のとなりに座ろうとしない。

　　出来事：友だちは、教室で私がえんぴつを貸そうとするのを拒む。

　　出来事：友だちは、黒板を消すときに助けを求めなかった。

　　出来事：友だちは、私を同じバスケットボールのチームに入れようとしなかった。

　　出来事：友だちは、学校から家まで歩いて帰るとき、私を待ってくれなかった。

解決策：意思疎通における問題であることが分かる。これが解決されると、2人は再び友だちになる。

『けんか』シャーロット・ゾロトウ作

概念：衝突の解決、正義

1. 憎しみというのは、強い感情です。「あなたが大嫌い」というのは侮辱にあたります。しかし、これを発言するとき、いつもそういう意味でしょうか？この物語を読んで考えてみましょう（教室で、みんなでいっせいに「私、友だちなんて、だっ、だっ、だーいきらい」というフレーズを唱和することも考えられます）。

2. 「友だちなんて大きらい……」ということの本当の意味について議論しましょう。

　➡ 親友を失うのが怖かった。

　➡ わけもなくあの子が怒っていて困った。

➡　孤独で、不愉快で、おろかで、つまらないと感じた。
3．「友だち」は、自分が怒っていたり、傷ついていたりしていることを、どうやって示そうとしたでしょうか？
4．行動やふるまいのしかたは、他人に自分がどう感じているかを示す方法の一つです。児童をペアにして、実演する感情を選ばせましょう。相手にはその感情が何であるか当ててもらいます。
5．図画工作の時間で、お面を作りましょう。この本の表紙のイラストでは、子どもたちが、自分たちの感情を隠そうとしてお面を被っている点に気づいて下さい。社会科の時間で、ハイダ族やその他北アメリカの先住民文化における仮面の役割について学びましょう。
6．この本には、友だちとの衝突あるいは「けんか」に対処する良い方法のいくつかが示されています。それは何でしょうか？
　➡　大人（母親）と、問題について話し合う。
　➡　声を荒げたり悪口を言ったりして、事態を悪化させることを決してしない。
　➡　必要があれば立ち去る（報復をしない）。
　➡　友だちと向きあい、あきらめず、問題を解決する責任を引き受ける
　➡　想いのたけを語る。
7．**衝突を平穏に解決する方法**の図表を作りましょう。これを、「休憩コーナー」の、感情を表す言葉の表のわきに掲げておくのもよいでしょう。衝突が実際生じたとき、それは忠告として役立つでしょう。
8．事実とはどういったものでしょうか？　例をいくつか挙げましょう。これらの「事実」と、次の定義とを比べてみましょう。

事実：真又は実在のことがら。確実に知っていることがら。実際に生じたことがら。ものごとのありよう又はなされること。事実は、証明できることが通例である。

9．事実をどのようにして検出するでしょうか？　私たちは、視覚、聴覚、味覚、嗅覚、そして触覚の五感を用います。児童に、りんごについての事実を挙げさせましょう（たとえば、りんごは赤い、がりがりと噛むもの、かたい、小さいボールの大きさである、など）。児童がどのようにこれを知り、どの感覚を用いたのか議論しましょう。

今度は、2人組になって、相手の事実について挙げてみましょう。これらの事実としては、身体上の説明に加え、関心、家族的背景、ペットなども挙げられそうです。

10. 事実についてのこうした学習を、他の教科にも広げてみましょう。社会科でいえば、児童に、自分の近所や地域などについての事実を挙げさせることもできます。事実の発見は、理科でも、同じように極めて重要な部分となります。

11. 人々は、ときに、自分が考え、あるいは感じたことを語ります。これらを**意見**と呼んでいます。「りんごは、生でかじるよりパイにした方がおいしい」、というのは、意見になります。りんごについてもつ別の意見もあるでしょう。「マッキントッシュ・アップル〔カナダのりんごの品種名。あさひ（旭）〕はベストだね」、「りんごはお腹にたまるね」、「青りんごってきらい」、「りんごってお昼には最高だね」。

児童に、次のことがらについて意見を出してもらいましょう。……授業の科目、スポーツ、読んだことのある本、この本（『けんか』）、テレビ番組、等々。次に、それぞれのトピックについて、事実を挙げてもらいましょう。

12. 問題というのは、しばしば、（私たちが考えるものである）意見を、あたかも（真であるものとされる）事実として扱うことから、ややこしくなっていきます。次の（『けんか』からの）発言は、事実でしょうか、意見でしょうか？
    ➡ あなたって、変わってるわね。
    ➡ あなたって、ひどい。
    ➡ あなたって、のろまね。
    ➡ あなたといたって、ちっとも楽しくなんかないわ。

13. 実際に衝突が生じたとき、児童に、**事実**を述べさせ、書き出させましょう。児童が意見へとむかわないようにできるか、注意しましょう（法においては、裁判官は、意見を聴くことには極めて消極的です。意見というのは必ずしも真ではないことがあり、このため、意見に基づいて判断するというのは危ういことがあります）。

14. テレビのコマーシャルを観てみましょう。事実と意見について、例を挙げましょう。自分自身のコマーシャルを作り、そこに事実と意見の双方を交えてみましょう。

15. この本では、問題は、単純な誤解から生じていました。「私って変わってるのねってあなたが言ってたって、ジェーンが言ってたとスーが言ってたの」。ほんとのところは？「私は、あなたってきちんとしてるわね、って言ったのよ」。

言葉が行き渡るにつれ、どれほど歪められ、あるいは変容させられるかを示すような遊び（電話_{テレフォン}とかうわさ話_{ゴシップ}とか呼ばれます）が、多くあります。おそらく、児童にも自分たちの例があるでしょう。

これが起こったとき、実際に話されたことを知るには、どうしたらよいのでしょうか？（その発言をした人物のところに行ってみましょう。）うわさ話に基づくのは何がいけないのでしょうか？（人は聞き間違いをすることがあります。人は言われたことについて記憶違いをすることがあります。人は、出来事を話す時になると間違いを犯すことがあります。）

法においては、こうしたタイプのうわさ話は「伝聞証拠」とされ、そのような発言は裁判所において認められません。

16. こうした類いの議論は、重要なルール（そして法）を成文化する必要性についての議論へと導きます。重要な校則は、成文化され、児童が参照できる場所にあるでしょうか？

ストーリーマップ

概念：多様性、責任

図書：『クッション（*The Pillow*）』（1979年）ローズマリー・アリソン文、チャールズ・ヒドラー絵、James Lorimer & Company, Publishers.

主な登場人物：

 アンジェリーナ　ラム

 ローザおばあちゃん　ラムのおばあちゃん

問題：

 アンジェリーナは、両親とともにイタリアからカナダに引っ越してきた。彼女は孤独で、不安に感じており、ローザおばあちゃんのことを恋しがっている。

 出来事：アンジェリーナの特別なクッションが学校で奪われた。

 出来事：アンジェリーナは、ラムとそのおばあちゃんに会う。

 出来事：ラムは学校でアンジェリーナを助ける。

第6章　同調圧力を、法に関わる文学作品を通じてコントロールする

　　出来事：ラムは、アンジェリーナに英単語をいくつか教えるが、クッション（ピロー）もその一つである。
　　出来事：アンジェリーナは、自分のクッションでキャッチボールのような遊びをしている子どもたちのグループを見つける。

解決策：
　ラムの手助けにより、アンジェリーナは自分のクッションを取り戻し、友だちができ始める。

『**クッション**』ローズマリー・アリソン作
概念：多様性、責任

1. アンジェリーナは、学校で、他の子どもたちとどこが違うのでしょうか？（彼女はイタリア語を話し、英語がわからず、カナダには来たばかりで、学校の日課も分かっていなかった。）

2. アンジェリーナは、学校で、他の子どもたちとどこが似ているのでしょうか？（彼女は友だちを欲しがっており、人が彼女に微笑んでくれれば気分がよく、新しくなじみのない出来事があると不安に感じ、おばあちゃんが大好きで、両親と住んでおり、遊ぶのが好きだった。）

3. なぜアンジェリーナは、学校にクッションを持ってきたのでしょうか？　何か特別なものを学校に持ってきたことはありますか？　アンジェリーナがしたのとなぜ違うのでしょうか？（これは年少の子どもたちがよく行うことです。クッションを愛着の対象とする人はいないでしょう。）

4. 私のお気に入り：　ミュージカル『サウンド・オブ・ミュージック』の歌に耳を傾けてみましょう。児童に、お気に入りのものについて自分で調べさせましょう。クラスのなかで、相似性と相違性がある点を指摘しましょう。**多様性**の意味を説明しましょう――相違性の存在、多種多様であるということ。

5. ラムは、アンジェリーナが学校で歓迎されていると思えるようにする役目を引き受けます。彼はなぜそうしたんだと思いますか？（おそらく、彼は彼女の隣に住んでいて、彼のおばあちゃんが、アンジェリーナがどう感じているかを教えてくれたので、彼にはより多くの情報があったから。おそらく、彼はインド出身であり、新しい国にやってくるというのはどういう感じかを知っていたから）

ほかに、アンジェリーナが学校で歓迎されていると思えるようにする役目を担うのはだれでしょうか？（彼女の先生、両親、ほかの子たち）　大人は、子どもたちと同じぐらい、これらの状況で手助けとなるでしょうか？

6．　学年の途中で学校が変わった子どもたちは、アンジェリーナと同じように歓迎されていないと感じることが時にはあります。児童に、新しく来た人を歓迎するためのアイディアについて議論してもらいましょう。この本は、このような場面でどう行動するかを示すスタート地点となるでしょう。

7．　アンジェリーナは、彼女が男の子を蹴飛ばしたとき、やっと自分の怒りを伝えることができました。共通の言語を話さない人と、どのように意思疎通すればよいのでしょうか？　ピクショナリー〔カードで示されたお題を絵で描いて仲間に当ててもらうゲーム〕やシャレード〔ジェスチャーゲーム〕のようなゲームをやってみましょう。

8．　あなたがイタリア（又は社会科で勉強したどこか他の国）に越してきたばかりだとしましょう。あなたの学校がどのようなもので、家はどのようなもので、何を食べ、何を着るか、などについて考えてみましょう。データ検索チャートを用いて、調べて分かった事実を整理しましょう。

9．　特別なペットやテディベア、又はベルベット製のうさぎなどについての、別の本を読んでみましょう！イアン・ウォレスとアンジェラ・ウッドの『サンドウィッチ』〔Ian Wallece & Angela Wood, The Sandwich（Kids Can Press, 1975）〕は、「くさい肉」を食べているといっていじめられるイタリア人少年を描いています。

10．　この本の物語では、アンジェリーナは、彼女のクラスメイトと「告げ口をする」ほど英語がよく分かっていません。しかし、多くの子どもたちはそうではありません。「告げ口をする」ことと「きちんと報告する」こととは、何が違うのでしょうか？　その説明の一つは、『ベレンスタインくま一家、よそ様について知る（*The Berenstain Bears Learn About Strangers*）』〔Stan & Jan Berenstain,The Berenstain Bears Learn About Strangers(Random House Books for Young Readers, 1985)〕が示してくれます。

　　議論するための出来事リストを作りましょう。たとえば、

➡　すべり台の順番を守らない。

➡　雪玉を投げる。

- ➡ 休み時間の列に割り込んでくる。
- ➡ 誰かのお昼ご飯を奪う。
- ➡ テストでカンニングする。

次のことを考えさせて、出来事を報告する際に正しい判断をすべきことを、児童に学ばせましょう。

- ➡ 予想される帰結——その者や他の人に対して。
- ➡ 誰かがひどく傷つくか、あるいは、物が直せないぐらいに壊されるか。
- ➡ その行為は、「わざと」やったか、事故であるか。

11. 問題が起こったとき、そして告げ口があったとき、「ルール」を考えておきましょう。それは公正でしょうか？ それは正しいルール、つまり、分かりやすく、従うことができ、明解で実行可能なもの（問題を解決する）でしょうか？

ストーリーマップ

概念：多様性、責任、正義

図書：『からすたろう（*Crow Boy*）』（1955年）八島太郎＝みつ文・絵、Picture Puffins, Penguin Books Canada〔八島太郎文・絵『からすたろう』（偕成社、1979年）〕

主な登場人物：

 チビ（Crow Boy）

 村の学校の子どもたち

 いそべ氏

問題：

 一風変わった、恥ずかしがり屋の少年は、その特異さゆえに孤立している。

  出来事：この少年は、ちび（tiny boy）とあだ名が付けられている。

  出来事：ちびは先生に無視され、クラスメイトからあざ笑われている。

  出来事：ちびは、何時間もずっと一人で遊ぶことを覚えた。

  出来事：6年生の先生のいそべ氏は、ちびに興味を持つ。

  出来事：ちびの特別な知識と才能が見いだされる。

解決策：

 ちびが、学芸会でみせたカラスの素晴らしい鳴きまねをしたことが、ターニング・ポイントになる。ちびは尊敬を勝ち取り、もっといいあだ名の、「からすた

ろう」を付けられる！

『からすたろう』八島太郎作

概念：多様性、責任、正義

1. ちびについての事実と意見：事実〔FACT〕といえる説明にはそれぞれ「F」を、意見〔OPINION〕といえる説明にはそれぞれ「O」を書きなさい。

    （F）ちびというあだ名の意味は、tiny boy である。
    （F）ちびは、日本の村の学校に通っていた。
    （O）ちびは、のろまでまぬけであった。
    （O）ちびは、友だちができなかった。
    （O）ちびは、何もわからないので、ひねまがっていた。
    （F）子どもたちと先生は、6年生になるまでちびを無視していた。
    （O）ちびはまったく学ぶことができなかった。

    ある意見は他のものよりもよいものとなることに注意しましょう！人は、自分の意見を正当化する何らかの事実があれば、より信じてくれるものです。たとえば、ちびは、その地域で一番のものまね名人である、という意見があるかもしれません。この場合、彼がカラスをどれほど多彩にまねることができるのかを明らかにすることになるでしょう。ちびはとても怯えているので、学習することができない、という意見があるかもしれません。この意見を事実で裏付けることができるなら、多くの人はそれが本当のことだと受け入れてくれるでしょう。事実で裏付けられるもう一つの意見は、ちびは並外れた観察力がある、という点です。

2. この物語では、子どもたちがちびを不当に扱っていた、という説明がなされます。どのようにちびを不当に扱っていたのでしょうか？（彼を無視する、彼についてとやかく噂する、悪口を言う、など）　クラスメイトたちは、「よそ様」を歓迎されていると感じさせる役割を担っているでしょうか？

3. いそべ氏は、ちびの最初の友だちであると同時に、彼の先生でした。ちびと友だちになるのにいそべ氏がしたことは何でしょうか？

    次の意見は、事実で裏付けられるでしょうか？

    いそべ氏は、ちびには傑出した才能があり、他の子どもたちは彼から学ぶことがある、と考えた。

4. 多くの人（児童、教師、親）は、ちびがのろまでまぬけだと決めつけていました。ちびが村の外に暮らしているということも知っていました。では、同じく村の外に暮らす別の少年が学校にやってきたとしましょう。この少年ものろまでまぬけだと考えてしまうでしょうか？ **ステレオタイプ化**は、一、二の経験に基づいて結論を引き出すときに起こります（村の外で暮らす少年はすべて、のろまでまぬけである）。私たちは、あらゆるものをステレオタイプ化します。しかし、ステレオタイプ化は公正でないことがあります。

 次のものは、人がもつステレオタイプ化の一例です。これらはどこが不公正なのでしょうか？
 ➡ ブロンド髪の女子はみんな無口だ。
 ➡ 女子は男子ほど数学が得意ではない。
 ➡ 男子は字が汚い。
 ➡ 幼児は泣き虫だ。
 ➡ ブランド服を着ていない子どもたちは、貧乏だ。

 これらの説明は常に本当でしょうか？これらのステレオタイプは、誰かを不公正に扱うことになるでしょうか？ほかのステレオタイプの例を挙げてみましょう。

5. ちびは「からすたろう」と名付けられ、そのあだ名を喜んでいるようです。このあだ名は、彼には才能があるということ、そして彼は傑出しているということを人に伝えました。ネイティヴ・アメリカンの名前もまた、象徴的なものです。このような文化において、あなたには、どのような名前がつけられるでしょうか？児童にお互いに新しい名前を付けさせましょう。これらの名前は前向きなものでなければならず、また、その者について何かを語るものでなければなりません。

6. 法は、人が自身の名前にとても愛着をもつようになることがあるというのを認めています。クラスの各々には法律上の名前があり、たいていは出生のときに付けられます。養子とされた子どもたちの中には、出生のときとは異なる法律上の姓をもつものもあるでしょう。しかし一定の年齢に達すると、彼又は彼女の名前を変更することには、子どもが同意しなければなりません。法は、名前が法法律上変更される手続を規定しています。時には、親が子の名前の綴りを出生の時に間違えてしまい、法律上正さなければならなく

なることもあります！

児童に、自分の名前の由来について報告してもらいましょう。

7．ジャン・リトルの自伝的作品である、『少しずつ（Little By Little）』〔Jean Little, Little By Little: A Writer's Education(Viking Juvenile, 1988)〕からの抜粋を、音読してみましょう。2年生の時、ジャンは特別な配慮の必要があり、みんなちびのように感じていた——役立たず——子どもたちのグループとともにいました。非常に気遣いのできる先生が、児童にかごを編ませたのですが、それは無理だとこの子たちが思うようなことでした。これを成し遂げたことは、この子たちに、自分自身についてとてもよい気持ちをもたせることになりました。その後、ジャンは、4年生の冷淡なクラスで、子どもとして彼女が奮闘するさまを描きます。ジャンには支えてくれる先生と親がいましたが、彼女は、自分の闘いを闘い、勝たねばならないということに次第に気づきました。

ストーリーマップ

概念：衝突の解決、責任、正義
図書：『僕の名誉にかけて（*On My Honor*）』（1968年）マリオン・デーン・バウアー作、Clarion Books
主な登場人物：

　ジョエル　　　　　トニー
　ジョエルの両親　　トニーの両親
　ジョエルの兄弟のボビー

問題：

　ジョエルの親友トニーは、ジョエルに、途方もない危険なこと——州立公園近くにある岩壁に登ること——をするよう、プレッシャーをかけています。ジョエルは、「ヘタレ」と呼ばれたくないのです。

　出来事：ジョエルのお父さんは、公園に行くことをしぶしぶ了解する。
　出来事：トニーは考えを変え、川で泳ごうとする。
　出来事：ジョエルは降参し、砂州までトニーと泳いで競争する。
　出来事：トニーが溺れる。
　出来事：ジョエルは両親とザブリンスキー家の人々に嘘をつく——しかし、

警察には本当のことを言う。

解決策：
　ジョエルは、父に、彼の罪の意識を話す。父は、人はすべて選択をしなければならず、その選択と生きていかねばならないことを銘記させる。

『僕の名誉にかけて』マリオン・デーン・バウアー作
概念：衝突の解決、責任、正義
注意点：この物語は、マイナスの同調圧力（不当なリスクを負うことを強いられること）がもたらす結果について、雄弁に語っています。同調圧力は、衝突のようなものです。逃れられないものであり、またプラスにもなりうるものですが、認識し、コントロールすることを学ぶ必要があるものです。この物語はどきっとするところもありますので、教師は音読するのもよいでしょう。

1．『ベレンスタインくま一家とその二重の挑戦（*The Berenstain Bears and the Double Dare*）』〔Stan & Jan Berenstain,The Berenstain Bears and the Double Dare (Random House Books for Young Readers, 1988)〕を読んでみましょう。この小品は、（リスクを引き受けるという）挑戦という形で仲間がかける圧力について、よい入門書となっています。
　➡ 誰かにふっかける（挑戦を仕掛ける）というのはどういうことでしょうか？
　➡ 挑戦の例をいくつか挙げてみましょう。
　➡ 私たちは、なぜ挑戦を受けて立つのでしょうか？（自分は勇気があると示したい。うまくいけば自信が持てるし、他人はより尊敬してくれるかもしれない。また、自分自身に試練を課し、何ができるかを知る。）
　➡ 挑戦の悪い面とは何でしょうか？（プレッシャー状態におかれ、考える余裕もない。他人は常に注視し、時には挑戦を受けて立っても得るものがまったくないこともある。また、危険でもある——傷を負うこともある。）

2．トニーとジョエルは親友でした。親友から仕掛けられた挑戦は、時には非常に断りにくいことがあります。なぜでしょう？
　➡ トニーが仕掛けた挑戦とは何でしょう？（岩壁を登る、川を泳ぐ）
　➡ ジョエルはどのような挑戦に臨んだのでしょうか？（砂州まで泳ぐ）

3．**同調圧力**とは何を意味するのでしょうか？（立場や年齢、能力において対等な人がもたらす影響又は圧力。同調圧力に屈することには、プラスとマイナスの結果

がありうる。)

　　ジョエルとトニーは仲間でしょうか？（仲間です）　仲間は友だちでなければならないでしょうか？（いいえ）

　　あなたの友だち又は仲間が、あなたに圧力をかけ、又は影響を与えようとする例をいくつか挙げましょう。

　　（圧力は、言葉、行動またはしぐさでかけられることがあります——たとえば、「ヘタレ」「泣き虫」と悪口を言う場合。「これをしないと、仲間に入れてやんない」といった脅し。いやがらせ。報い。）

　　2人組になって、相手がしたがらないことをさせるよう、相手に影響を与える場面でロール・プレイをしましょう。

4．ジョエルはそこにリスクがあると知っており、これらのリスクは正当なものではないと思っていました。彼は、岩壁や川についての**事実**を知っており、このため、このリスクは危険なものだという結論に達しました。

　　不当なリスク：危険であると認識している場面。成功してもプラスなものは何も得られないが、失敗したら非常に大事なものを失ってしまう場面。

　　岩壁を登ることについて、ジョエルが知っていた事実をいくつか挙げましょう。

　　川を泳ぐことについて、ジョエルが知っていた事実をいくつか挙げましょう。

5．議論してみましょう：挑戦を仕掛けられたとき、選択肢があります。挑戦は、受け入れることも、それを断ることもできます。しかし、自分がした選択には責任をもたなければなりません。

　　ジョエルの父は、この点を上手く述べています。「きょう、僕たちみんな、選択をしたね、ジョエル。きみと、僕と、トニーと。トニーだけは、自分の選択を我慢して受け入れなくてもよかったんだ。」（この本のp.88）

　　（責任を引き受けるということは、大人にとってさえも、容易いことではありません。「私のせいではない」とか、「それは彼女のせいだ」、といった発言をどれだけ聞くことか！）

6．責任を果たせないときはいつでも、また、たいへんなことが起きて責任を感じるとき、罪と恥の意識をものすごく感じます。事故の後、罪と恥の意識がジョエルの行動をどのように左右したか、説明してみましょう。どうして

ジョエルは責任を感じたのでしょうか？

　ここで起きたことで、責任を感じるような人は他にいますか？（ジョエルの父、トニーの両親、十代の子たち）それはなぜでしょう？

　トニーも責任を感じていますか？（感じています。このように責任を分配するのは、民事の裁判所が過失の事案で行っていることです。たいてい、一人以上の者が生じた危害について責任を負います。自分の損害に寄与した人は、賠償や補償の額が少なくなります。）

7．不当なリスクに「ノー」という方法について、ブレインストーミングをしてみましょう（立ち去る、代替案を提示する、大人に指示を求める、など）。

　ジョエルは、どうやって「ノー」と言おうとしましたか？ジョエルが二つの挑戦に対処する他の方法について、ロール・プレイをしてみましょう。

8．事故調査をしてみましょう。事故調査の目的は、過ちを検出することではなく、むしろ損害の原因を探り、将来同種の事故が生じないように勧告をすることにあります。

　「召喚令状」を発行してみましょう（「ジョエル」に調査に出頭するよう求める正式な命令）。「ジョエル」役の児童は、証人台に立つ前に、真実を話すことを宣誓します。（裁判所で真実を話さないと、偽証の罪に問われ、場合によっては身柄を拘束されることがあります。）

　児童は、「ジョエル」に対する質問を用意します。（たとえば、あなたの名前は？何歳ですか？トニーと知り合ってどれぐらいですか？問題の日に何が起こりましたか？）

　調査が終了したら、児童に勧告を出させましょう（たとえば、泳ぐのに危険だと示すもっとよい掲示板、子どもが岩壁を登らないよう見張る人を置く、など）。

9．体育の授業。水辺の安全性について、ゲストスピーカーを招いて話をしてもらいましょう。スキューバダイビングをする人は、川の流れがいかに泳ぐ人に影響を与えるか、説明してくれるかもしれません。陸上競技の選手を招いて、彼／彼女が、自身のスポーツでどのようにリスクをコントロールしているのか、話してもらいましょう。

10．ジョエルは、なぜ父が彼を罰しなかったのか不思議に思っています。なぜ私たちは人を罰するのでしょうか？（悪いことをした人を罰するのが公正といえるのは、他人が同じ行為をするのを阻止したり、同じ人がその行為を繰り返すことで

罰せられることを止めさせることができるかもしれないし、ルールに従った人には報いとなるから。）この点で、ジョエルにはさらなる罰はもういらないと考えたジョエルの父に賛成しますか？
11. 児童に、匿名の誰か宛に、「アン・ランダーズ」的な手紙〔Ann Landers(1918-2002):アメリカのジャーナリストで新聞の人生相談欄の回答者〕を書かせ、同調圧力に伴って生じる問題について、助言を求めさせましょう。手紙は箱に投函させ、定期的にクラスで議論するのもよいでしょう。

ストーリーマップ
概念：正義、多様性、責任、権威、衝突の解決
図書：『スパイになりたいハリエットのいじめ解決法（Harriet the Spy）』（1964年）、ルイーズ・フィッツヒュー文・絵、HarperCollins Publishers Ltd.〔鴻巣友季子訳・講談社、1995年〕
主な登場人物：

ハリエット・ウェルシュ　　ジェニー・ジブズ
スポート　他のクラスメイトたち
オール・ゴーリー

問題：

ハリエットは、作家になる夢を一心不乱に追求している。彼女は人にスパイ活動をして、一連のノートにその観察結果を書き留めている。ある日、クラスメイトたちが、彼女が**自分たち**について何を書いていたかを見つけてしまう！

出来事：オール・ゴーリーは結婚し、ウェルチ家の所帯から離れる。
出来事：ハリエットはノートをなくす。
出来事：クラスメイトと親友は、ハリエットを仲間はずれにして、復讐しようとする。
出来事：ハリエットの両親は助けを求める。（学校、医師）
出来事：オール・ゴーリーは、重要な助言をハリエットに書いてよこす。

解決策：

ハリエットは、6年生の学校新聞の編集長の立場で、彼女の「うそ」について謝罪する。スポートとジェニーは、再びハリエットと友だちになる。

『スパイになりたいハリエットのいじめ解決法』　ルイーズ・フィッツヒュー作
概念：正義、多様性、責任、権威、衝突の解決

1. ハリエットの学校での親友は、スポートとジェニーです。この三人はどのような点で似ているでしょうか？（みんなキャリア志向である、自立した考えを持っている、聡明である、兄弟姉妹がいない、など）どのような点で違っているでしょうか？（異なる関心、異なる社会経済的背景、異なる人格をもっている、など）

2. 友情についての調査をしてみましょう。この調査にはどのようなものを盛り込みたいと思いますか？（親友はいますか？その人とはどれくらいの間親友ですか？　など）

3. ハリエットの夢は作家になることでした。人についてのことがらを知りたいというハリエットの欲求は、多くの作家のように、他の人のプライバシーの要求と衝突します。「スパイのハリエット」は、他人のプライバシーにどのように侵入しましたか？彼女がスパイ活動をしていた時、何か法を侵すようなことをしたと思いますか？（侵しました。人の家に立ち入って侵入したのです。）

4. ジャーナリストを招いて、調査報道上の「倫理」について、児童に語ってもらいましょう。情報を収集する方法を公正にするためのルールは何かあるでしょうか？

5. ハリエットが彼女の友だちとクラスメイトについてしたコメントについて、いくつか検討してみましょう。この子どもたちは、どうしてハリエットのコメントに傷ついたんだと思いますか？ハリエットは、自分のノートに、事実と並んで意見も書き込んでいたのでしょうか？彼女は、その厳しい意見を裏付ける事実を用意していたでしょうか、あるいは、時々うわさ話に基づいていたのでしょうか？（たとえば、人についての彼女の母のコメント）

6. 情報を収集する公正な方法について議論した後、児童には、「今週のスパイ」という宿題を与えましょう。道順や観察ポイント（たとえば、バスの中、地元の食料雑貨店、運動場）について地図を描かせて、ハリエットが使っていたような、緑又は黄色のノートに、その観察を記録させましょう。これらの観察は、人間についてのものであってはいけません。

7. もう一つのバリエーションとしては、児童スパイに衝突を探させる、というのがあります。自分たちが見聞きしたものだけを報告させます。図を描

き、そこには、各衝突について、次の項目を記させましょう。

- ➡ だれが関わっているだろうか？
- ➡ どこで衝突は生じただろうか？
- ➡ 何がなされ、何と言われたのか？
- ➡ どうやって衝突は終結したのか？

8. ハリエットが抱えたクラスメイトとの問題は、すべてノートの発見から生じたと思いますか？ハリエットは、どのような点で「よそ様」あるいはクラスメイトと違う存在だったのでしょうか？どうしてハリエットは、他人と「違う」ままでいたいと思ったのでしょう？
9. ハリエットの友だちとクラスメイトは、彼女のコメントが自分たちを傷つけたということで、「おあいこ」にしたいと考えました。友だちとクラスメイトが彼女にしたことは何だったでしょうか？逆にハリエットは傷つき、自分の復讐をしたいと考えました。ハリエットがわざと「ひどく」なろうとした時（この本の第13章参照）に、彼女が考えたことのリストを考えてみましょう。

　復讐は、なぜ衝突を解決する方法として十分ではないのか、議論しましょう。（人をだしぬくことになる、賭けが高くつく、多くの人が傷つく、不当にも衝突がエスカレートすることが多い）

　法は、裁判所や紛争を解決する手続を用意して、復讐するための非暴力的な手段を提供しています。交渉、調停、そして仲裁も手段として存在しています。
10. このクラスでは、毎年クラス長を選んでいました。このクラス長は、「権威をもつ者」といえるでしょうか？（いえます）クラス長の役割と責任は何だったでしょうか？
11. クラス長は、児童によって選ばれました。どうしてハリエットは選挙に勝てなかったのでしょうか？リーダー（又はクラス長）を選出する他の方法は何があるでしょうか？（帽子から名前をひく、先生がクラス長を任命する、コンテストを開催し勝者を選び出す、あるグループで承諾又は同意を得ることとするが、投票にはよらないで決めさせる、など）
12. この選出手続を改良するとしたら、どのようなことをしますか？（クラス

長や編集長のような役を一つ以上にする。それぞれの役について選挙を行う。秘密投票を行い、同調圧力や考えられる報復の可能性をなくす。候補者に短いスピーチをさせ、自分がその役にふさわしいかについて話してもらう。)

13. ハリエットの仲間から圧力がかかっているというのは、彼女にとって大きな問題ではありませんでした。しかし、これらの集団全体として圧力がかかっているというのは、恐ろしいことでした。集団や組織の力について議論してみましょう。

14. 想像上のクラブを作り、次の「正しいルール」についてのガイドラインを念頭におきながら、クラブのルールを考えてみましょう。

正しいルールとは：

➡ 問題を解決し、予防するのに有効である。
➡ 明解である。
➡ 分かりやすい。
➡ 従うことができる。
➡ 公正である。

ストーリーマップ

概念：責任、正義、権威

図書：『檻（Cages）』ペグ・カーレット作、Pocket Books.

主な登場人物：

キット・ハサウェイ　フェントン夫人

マルシア　キットの母

トレイシー　キットの継父のウェイン

問題：

キットは、彼女ではなくマルシアが学校の演劇で主役に選ばれたことを知った後、ブレスレット（149ドル相当）を盗んだ。

出来事：店の警備員は、警察とキットの母に電話した。

出来事：キットは、トレイシーに、トレイシーのお誕生日会にはいけない、と伝えた。

出来事：キットは、少年裁判所非刑罰部（ダイバージョン・コミッティ）により、処置を言い渡される。

出来事：「レディ」のためのよりどころを見つけようとするが、失敗する。

出来事：キットは、トレイシーとクラスメイト全員に、彼女の「ひみつ」を
　　　　　　明らかにする決心をする。
解決策：
　キットの責任ある行動は、彼女にチャンスをもう一度もたらした。彼女は欲しがっていた９年生の奨学金を獲得し、トレイシーと親友であり続ける。

『檻』ペグ・カーレット作
概念：責任、正義、権威
1．キットの親友はトレイシーです。トレイシーは、どのような点でキットと似ていますか？どのような点で違いますか？
2．最初の章は、キットのジレンマを示しています。**ジレンマ**とは、選択をしなければならず、かつ、どの選択も好ましくない結果をもたらすような状況をさします。キットのジレンマとは何だったでしょうか？（アーサーをやりこめる、彼女のひみつをばらす、友だちとしてトレイシーを失う、文は、アーサーの挑戦を無視する、成績を下げ、９年生の奨学金獲得のチャンスを失うかも）
3．どうしてキットはブレスレットを盗もうと決めたのでしょうか？同調圧力のせいでしょうか、あるいは他に理由があったのでしょうか？
4．人との間のどんな衝突も、少なくとも二つの見方があります。この本では、キットは、マルシア、キットの母、ウェイン、そしてトレイシーとの間でさえ衝突しました。私たちにはキットの考え方がわかっていますが、他の人たちは、どのように考え、あるいは感じていたのでしょう？キットと他の人たちとの衝突を探し出して、他の人たちの考え方を説明しましょう。たとえば、
　　ウェイン：　キットには本当に怒ってるんだ、僕はあの子を人でなしって呼ばずにはいられないよ。
　　マルシア：　キットと友だちになろうとしてるんけど、うまくいかないわ……。
　　母：　キットの行動は、日増しに悪くなってるわね……。
5．キットはブレスレットを盗み出すと、もう自分の好きなようにふるまうことはできなくなりました。彼女に何をすべきか伝える権利がある他の人々がいました。権威をもっているこれらの人々を挙げましょう（店の警備員、警察

官、少年裁判所非刑罰部、愛護協会理事)。

6. 人の権威には限界があります。次の説明は、**正しい**と思いますか、それとも**間違いだ**と思いますか？

(誤) 店の警備員は、万引きをした者を訴追することができる。(警察官のみが訴追することができる。)

(正) 警察官は、万引きをした者を訴追するか、注意して放免することができる。(しばしば、権威をもつ人々は、一定の範囲の裁量を有している。)

(誤) カナダでは、警察官は、少年犯罪者を、代替的措置を採用するプログラムに委ねる決定をすることができる。(この判断は、公訴官だけに委ねられている。)

(誤) 少年裁判所非刑罰部は、適当とされればキットを拘置所に送ることができる。(拘置されることもありうる罪を犯した者は、裁判所に送られねばならない。これらの代替的プログラムは、より軽微な犯罪についてなされ、刑の言渡しも限定されている。)

(正) 愛護協会の理事は、キットに、20時間の社会奉仕服務(コミュニティサービス)としてどんな作業をさせるかを決めることができる。

7. この物語は、アメリカ合衆国で起こりました。カナダと合衆国の刑事法の類似点と相違点について議論してみましょう。

類似点と相違点：

➡ 万引きは刑法上の犯罪である。(カナダでは盗罪〔theft〕とされる。)

➡ 盗まれた物の価額は重要な要素である。(カナダでは、2000ドルを超える盗罪は、2000ドル以下のものに比べて罪が重くなっています。この本では、250ドルを超える盗罪は250ドル以下の盗罪よりも重い罪となっています。)

➡ 犯罪には主に二つの分類があります。(合衆国では、重大な犯罪は重罪〔felony〕と呼ばれます。カナダでは、これらは、正式起訴状を要する犯罪〔indictable offence〕と呼ばれます。合衆国では、重大でない犯罪は軽罪〔misdemeanor〕と呼ばれます。カナダでは、これらは、略式起訴で足りる犯罪〔summary conviction offence〕と呼ばれます。)

➡ 警察官は、法律上、犯罪の嫌疑がかけられた若者に対し、彼らの法的権利について告げなければなりません。(合衆国では、ミランダ判決〔Miranda v. Arizona (1966)〕が、自己の権利について被疑者に説明しなければならないという要

請を確立しました。これについては、この本の29頁にふれられています。カナダでは、この警告とは少し異なりますが、法律上の要請となっています。）

➡ 犯罪を犯した若者は、場合によっては裁判所に行くことを回避できることがあります。（この本では、少年裁判所非刑罰部が、キットの事案を取り扱いました。カナダでは、若年犯罪者法〔Young Offenders Act〕が、代替措置プログラムについて定めています。各地の当局でこうしたプログラムが実施されます。）

8. キットは――ブレスレットを盗むという――決断をし、その帰結が生じました。帰結のリストを作りましょう（たとえば、彼女は、自尊心を失い、罪の意識を感じるようになった。彼女は口をつぐんでいなければならず、店の警備員と警察に質問を受けることになった。彼女は審理に出頭し、20時間の社会奉仕服務に従事し、店に300ドル支払わなければならなかった）。

9. これは責任についての物語です。キットは、自分の決断について責任を取りました。彼女は罰として果たすべき責任も課され、これらの責任は、キットにプラスの効果をもたらしました。キットはどのように改善したのでしょうか？

10. 警察官か、又は青少年奉仕局から人を招いて、若年者の犯罪に関する法制度や、自分の地域で行われている代替措置プログラムについて、話してもらいましょう。

11. この事件が自分の街で起こったとしましょう。キットは少年裁判所に出頭します。あなたが少年裁判所の調査員です。あなたには、次の報告書に記入し、裁判官に簡単な説明をする義務があります。この報告書と説明のねらいは、裁判官が犯罪者についてもっとよく知ることができるようにすることにあります。犯罪者が処罰されるのは、この情報が考慮に入れられて初めて公正といえます。実際には、少年裁判所の調査員は、家族、教師、友だちなどと面接をしなければなりません。この本から得られる情報を用いてみましょう。

キット・ハサウェイに関する報告書
年齢
罪状
家族関係

行動／関心
学校での記録
青少年奉仕局の考え
青少年奉仕局の行動／態度

おわりに

　リチャード・ペックは、青少年向けの作品で非常に著名な作家ですが、「〔十代の〕子たちのほとんどは、その仲間のルールに抗う手だてをもっていない」、と記しています。ペックは、自身の作品を慎重に練り上げ、「主人公が成熟するステップというのは、仲間内のグループから離れていくことである」、としています。実のところ、ペックは、仲間内のグループから来る力が、彼を執筆に向かわせ続ける要素の一つである、と述べています。彼は、「よい本というのは、信ずるに相応しいよりよいものを与えるものである」、と考えています[1]。

　「少しずつ、私は、親密な関係が重要となるのはいつなのか、そして重要となるのか否かについて、区別するようになってきた」[2]。これは、ジャン・リトルの言葉であり、彼女の説得力ある自伝『少しずつ—作家の教育法 (Little by Little: A Writer's Education)』中のものです。ジャンは視力が弱かったため、いじめの対象となりやすく、またひどくいわれたりしました。皮肉にも、ジャンは、言葉は彼女の力の源泉であると気づきました。ジャンは、この本で、楽しかった出来事をいくつか列挙しています。5年生のときの先生に大ボラを吹いたことや、家庭科の時間で「役に立たない鎖」を編んだこと、大学で校内バスケットボールの試合に出たこと、などです。ジャン・リトルの物語には、児童に学ばせる教訓があるといえます。

---

[1] *Literature for Today's Young Adults* by Kenneth L. Donelson and Alleen Pace Nilsen, third edition, Scott, Foresman and Company, 1989, at page 226.
[2] *Little by Little: A Writer's Education* by James Little, Penguin Books Canada Limited, 1987, at page 153.

第7章
小学校の教室で法を作ってみよう
―― 単元計画 ――

ロイス・クラッセン

> 本章で説明する学習体験は、法と法創造のごく基本的な概念を、実際の授業で子どもたちに教えることを、目的としています。

　幼い子どもたちは、教師の助けを借りて、社会におけるルールの必要性を理解すると、自分たちも生活の決まりの当事者なのだと考えはじめます。そして、学校や地域で自分たちを守っているルールについて学びはじめます。本章のもう一つの目的は、他者への寛容や他者の尊重・受容に重点を置く活動を通して、公正および正義の概念を明らかにすることです。

　この単元の学習体験に参加したのちに、子どもたちは、

- ルールの必要性を理解します。
- 学校のルールや、歩行者や自転車に関する近隣の交通安全のルールを知ります。
- ルールのなかには他のルールよりも優れたものがあることを理解し、良いルールの品質とは何かを知ります。すなわち、良いルールとは、
  - 明晰で理解可能であり
  - 従うことができて
  - 強制力があり
  - 他のルールと矛盾せず
  - 違反に罰則があり
  - 無差別（公正）です。
- ルールが集団の必要性や価値を反映していることが分かります。
- 必要性や価値が変化するにつれて、ルールを作ったり、削除したり、修正したりできることを理解します。
- 教室の簡単なルールを作るために、他の子どもたちと協力することがで

- しばらく時間が過ぎてから、教室のルールを見直すことができますし、全員で教室のルールの価値や有効性を見直したり、修正・削除・追加したりすることができます。

学習方法

　本章は、一つの教科単元としてまとめられており、九つのトピックで構成されています。それらのトピックは、多数の教科のさまざまな教育方法を用いています。すなわち、事実をそのまま教える内容、導入的な説明と発見、班ごとの共同作業、クラス全体の議論、物語劇[1]、当事者へのインタビュー、等々です。カリキュラムの範囲は、言語科目（関連する本や物語を通じて、あるいは議論や作文を通して）、芸術（絵画や劇を通して）、体育（自分たちで考案した競技を通して）、算数（本章トピック3の交通ルールに関する教室での活動を通して）、理科（わたしたちの環境というトピックを通して）を含みます。

学習の理由づけ

　生まれたときから、私たちの生活は、外的な諸制度によって規制されています。産婦人科の診療方針は、赤ちゃんがいつミルクを飲んだり眠ったりするかとか、母親とどれだけ触れあうかといったことを、決めています。家族制度も、それほど形式的ではないですが強力であり、私たちの生活パターン——食べる、寝る、起床する——や社会との関わり方を、規制しています。私たちの周囲の世界をはじめて探検してみると、私たちの自由を威圧する壁があることに気づきます。「だめですよ！」という言葉が至るところで介入してきます。私たちは、自分たちの生活を制約する領域について学びます。私たちは許可を求めることを学びます。私たちが成熟して成長するにつれて、私たちを取り巻く権威も多くなります。それは、私たちの両親だけでなく、学校や地域といった権威も含みます。

　子どもたちは、小学校で数年を過ごすうちに、ルールや決まり（それらについて意識的に考えるなら）を、生活に最初から備わっているもの——草や空といった人間以外のもの——と考えるほどまでに、他者の管理の下で生活するようになり

ます。法の基本原理を少し教えておかないと、ほとんどの子どもたちは、法と法創造の最も基本的な概念を、理解できないでしょう。あるいは、たとえば法やルールが、自分たちと同じ人間によって作られていることや、最大多数の人々の最大の個人的自由を確保したり、無防備な人々を保護したりしていることを、把握できないでしょう。

　子どもたちは（そして大人たちも）しばしば、ルールや決まりによる制約は不便であるとか、それらのルールや決まりは、自分たちの欲望や当面の目的と食い違っていると、感じるに違いありません。子どもたちは、その結果として、権威（具体的に言えば、偉大なる匿名の立法者たち）は何だか勝手で敵対的だ、と感じるようになるでしょう。とはいえ、子どもたちは法の基本原理と無関係ではありません。なぜなら、子どもたちは大人たちと同様に、自分たちが紛争状態――「法」が対処しようとする状態――に置かれていることに、しばしば気づくからです。そして、自分たちがそうした状態に置かれていることに気づくと、子どもたちは正義を求める叫び声を上げます。「不公平だ！」、「先に手を出したのはあの子だよ！」、「まだ君の順番じゃないよ！」。子どもたちが正義に訴えているという事実は、すでに正義とは何かについての生まれついての非常に強い感覚を有している、ということを含意します。しかし、生まれついての正義感覚（sense of justice）を有しているからといって、制度化された正義システム〔司法制度〕（justice system）――校則、刑法典、裁判所など――のはたらきを、意識的に理解しているわけではありません。

　子どもたちは、ルールが存在しているということを知るだけでなく、ルールとは何か、ルールを作ったのは誰か、ルールはなぜ作られたのか（そしてもちろん、法を破るとどうなるのか）を、知る必要があります。すなわち、子どもたちは以下を知る必要があるのです――法やルールが社会の（あるいはその他の人間集団の）価値や必要性に基づいていること。人々の価値や必要性が変化するにつれて、人々が作った法が人々によって変えられること。法は公正かつ無差別でなければならないこと。

　子どもたちは、法創造の背後にある原理についての知識を活かして、自分たちの生活の決まりに関与しはじめることができます。その原理は、たとえば、教室のルールを作るのに役立ちます。あるいは、子どもたちは、その原理によって、交通安全のルールの必要性について学び、その必要性を正しく知ることができま

す。知識と理解は、子どもたちが自分たちの世界について知るのを助ける道具です。子どもたちの世界の大部分は、ルールや決まりで作られています。自分たちの生活のこうした側面を、子どもたちが意識するのを助ける義務が、私たち大人にはあるのです。子どもたちは、法と法創造について知ることで、自分たちの個人としての権利や他者への責任について、正しく理解します。この知識は、子どもたちが、市民として、自分たちの世界に積極的に参加するための力となります。

トピック1　私たちはルールを必要とするのでしょうか

目　的
子どもたちは、あらかじめ決められた指針やルールが、社会（あるいは教室などの人間集団）の紛争を予防するために、しばしば必要であることを学びます。

到達目標
子どもたちは、教室や学校のルールの必要性を正しく理解します。

教材と資料
「それは公平ではない！[2]」ビデオテープ、19分、人民法律学校（ブリティッシュ・コロンビア）、1983年。

活　動
ビデオを上映します。社会にはルールが必要であるというメッセージを、子どもたちがビデオから受け取っているかを確認するために、短い討論をして下さい。この討論を、学校や教室についての討論へと発展させて下さい。子どもたちに、教室での紛争の原因として考えられることを想像させて下さい。ルールは、教室での紛争をどのように防ぐのでしょうか。

子どもたちは、ルールが必要で重要だと考える理由について、短い文章を書きます。（低学年の子どもたちは、ビデオをもとにした絵を描いてもよいでしょう。）

その他に考えられる活動
「黒板消し」というゲームをやってみましょう。教師は、それぞれの班の一人に黒板消しを手渡して、「ゲームをはじめて下さい！」と威勢よく宣言して下さい。子どもたちがゲームをはじめることができなければ、教師はルールの必要性について教えて下さい。この活動は発展させることができます。子どもたちが、自分たちの「黒板消し」ゲームを作り、そのゲームをするのです。

その他に、芸術の課題（たとえば指人形の製作）を出してみましょう。子どもたちは、画材や道具をみんなと一緒に使わねばなりません。そうした場合に考えられる困難な

状況を、子どもたちに予想させて、その状況を前もって防ぐためのルールを作らせて下さい。

トピック2　私たちのルールって何だろう

目　的
子どもたちは、学校と教室の規則集を自分たちでまとめて、それを正規の規則集と比べます。

到達目標
子どもたちは学校と教室のルールに詳しくなります。

教　材
学校の規則集、グラフ用紙、サインペン、ポスター用の厚紙。

学習活動
子どもたちは、三つか四つの小グループに分かれて、自分たちが知っているすべての校則（と教室のルール）について意見を出し合います。クラス全体に戻り、発表をして、学校の規則集をまとめます。そのあとで、先生は、正規の規則集を配り、クラスでまとめた規則集と比較させます。クラスとして、それぞれのルールの背後にあると思われる理由について議論してください。すなわち、学校のルールはどんな問題や、必要性や、価値を取り扱っているのでしょうか。
次に、子どもたちは、教室の壁に貼るための校則のポスターを準備します。（この活動は、ポスターの縁の部分を絵で飾ることも含みます。絵は、幾何学模様でもイラストでもよいでしょう。）

振り返り
子どもたちは、この活動をするまで知らなかった校則の一覧表を作ります。

トピック3　交通安全のルール

概　要
このトピックは、この単元のなかで一番長いので、このトピックだけを一つの単元に拡大することもできるでしょう。

目　的
子どもたちは、地域の交通安全に関する法に親しみ、その法について理解するようになります。子どもたちは、技術の変化が、新しいルールを必要とする環境の変化をも

たらす可能性がある、ということを理解します。子どもたちは、ルールが効果的であるためには違反への罰則が必要である、ということを理解します。交通安全とは別の安全のルールについても考えてみましょう。やがて、子どもたちは、司法制度について理解するようになります。

到達目標
子どもたちは、地域の歩道や道路で自分たちに求められていることを知ります。子どもたちは、地域の交通標識や信号の意味を理解します。子どもたちは、ルールが社会の必要性に基づいていることや、ルールがわれわれを助けたり、他者を保護したりするのに役立っていることを、正しく理解するようになります。

教材と資料
本：ピーター・スピア『ブリキのリジー[3]』ダブルデイ出版社（ニューヨーク）、1975年。
映画：「イヌ先生が教える、自宅の安全策[4]」(10分)、カナダ国立映画製作庁、1986年。「おばあさんのキャンプ旅行[5]」、同じくカナダ国立映画製作庁。あるいは、地域のルールを取り扱っている、各地で製作されたビデオテープ。
ゲストスピーカー：地域課の警察官、通学路の見回り員。
画材と美術用具。

活　動
1　『ブリキのリジー』を読みます。この本は、大量生産された自動車の登場によってもたらされた、北アメリカの生活様式の大きな変化を、見事に描いています。この本はまた、多くの人々が自分の車に対して抱いている愛情も、巧みに表現しています！　この本はさまざまな用途で利用できます。つまり、

　　➡ 議論を引き出すために利用できます。変化は、新しいルールの必要性をどのように生み出すのか、という点に焦点を合わせて下さい。

　　➡ 創作的な作文を書かせるために利用できます。

　　➡ 挿絵の着想を得るために利用できます。

　　➡ ストーリードラマの題材として利用できます。（子どもたちは、町の人たちの役を演じます。町の人たちは、新型の自動車が自分たちの道路にもたらす混乱のゆえに、怒っています。町の人たちは、その混乱について何ができるでしょうか。）

2　「小規模の社会科見学」。子どもたちは、町を歩いて見つけた全種類の道路標識を記録します。教室に戻ったら、クラスのメンバーは黒板に、道路標識をリストアップします。

3　「教室での交通安全の日」。本トピックの活動は、ストーリードラマへと発展させることもできます。子どもたちは教室で、壁の張り紙や標識などを使って、小さな町の風景を作ります。子どもたちは、運転手、歩行者、警察官、裁判官、弁護士と

いった、自分たちの役柄を示すために、帽子や名札を作ります。それぞれの子どもは、交通違反の罰金を支払うための、ゲーム用のお金を受け取ります。教室の雰囲気は、楽しくて協力的なものであるべきです。交通違反の切符に異議を申し立てようとする子どもたちは、その訴えが受理されたら、裁判の日程を決めます。

4　ゲストスピーカー（警察官ないし通学路の見回り員）。子どもたちは、質問をあらかじめ準備しておきます。ここでは自転車の安全の問題を取り扱うべきです。子どもたちは、自分たちが事前に学んだことについての短いレポートを準備しておいてもよいですし、教室に掲示するための自転車の安全ルールの一覧表を作ることもできます。

5　屋内の安全と屋外の安全についての映画を上映します。これらの映画を題材にして、創作的な作文を書かせたり、絵を描かせたり、劇をさせたりすることもできます。

振り返り

子どもたちは、活動への取り込み具合や、作文や美術でのそれぞれの課題によって、成績評価されます。この単元の締めくくりに、3年生の子どもたちには、交通安全についての小レポートを書かせてもよいでしょう。

トピック4　ルールは私たちの価値を反映しています
―― 私たちは地球のことを気にかけているのです ――

概　要

このトピックは、先ほどのトピックと同じく、トピック自体を一つの単元に拡張することもできるでしょう。たとえば、エコロジーやリサイクルといった、より大きな単元の一部となりえます。

目　的

子どもたちは、具体的な価値が社会の法の根底にある、ということを理解します。

到達目標

子どもたちは、ゴミ拡散防止法や汚染禁止法といった、環境を保護する法について知るようになります。そして、これらの法が、地球を守ろうとする社会の意志が結実したものであることを理解します。

教材と人的資源

ポスター用の厚紙。地域の環境団体の広報担当者。

活　動

地球の限りある資源と汚染の危険性についての討論。この問題について、人々は何を試みているのでしょうか。先生は、この問題に対処するために政府が作った、いくつかの法の概要について解説します。リサイクルについて話してくれる講演者の来校を

準備して下さい。子どもたちは、環境に優しい取り組みを行うための適切な方法について、教室で意見を出し合います。

振り返り
子どもたちは、環境に配慮するポスターを作成します。

トピック5　ルール作りのためのルール

目　的
良いルールや良い法の品質について、子どもたちに紹介すること。

到達目標
子どもたちは、ある一つのルールが良いか否かについて、このトピックで示される基準を用いて判断します。

活　動
このトピックは、事実をしっかり教えることを求めています。教師は以下の基準を紹介します。子どもたちは、以下の基準の特徴を理解するために、以下の基準と矛盾する架空の事例を用いて議論をします。その基準によると、良いルールは、

- ➡ 明晰で理解可能でなければなりません（教師は、意味不明の教室のルールや、子どもたちがよく知らない言葉を使った教室のルールを、作ってみるとよいでしょう。）
- ➡ 従うことができないといけません（今から皆さんは天井しか歩いてはいけません！）。
- ➡ 強制することができないといけません（思考を強制することはできません。「今から、食べ物について考えてはいけません」）。
- ➡ 既存のルールと一貫していないといけません（教師は、互いに矛盾する二つのルールを例示して下さい）。
- ➡ 違反に対する罰則がないといけません（教師は以下の話をして下さい。ある日、子どもたちが登校したら、着席を許さない新しいルールができていました。子どもたちは、最初は動揺しますが、すぐに、従わなくても誰も何もしないことに気づきます。すると、子どもたちはみんな、勉強をするために着席しはじめます。結局、ルールがあっても誰も従わなければ、そのルールに意味はないのです。そのようなルールがあるか、話し合って下さい。そのルールは、学校の価値と一貫していますか。生徒の必要性や、あるいは教師の必要性と、合致していますか）。
- ➡ 無差別でなくてはなりません（教師は、灰色の目の人のルールを作り、クラスのメンバーに、このルールは青い目の人には適用されませんと、伝えて下さい。

これは良いルールでしょうか。なぜ良くないのでしょうか。ここで、正義の概念を紹介して下さい。）

資　料
本：トミー・デパオラ『まほうつかいのノナばあさん[6]』プレンティス・ホール、1975年。

振り返り
以上の基準に合致する、クラスないし運動場のルールを三つ作りましょう。

トピック6　とても有名なルール
——黄金律——

目　的
子どもたちに、古くからの正義の概念——自分が他者にしてほしいと思う以外の仕方で、他者を取り扱ってはいけません——を紹介します。

到達目標
子どもたちは「黄金律」という言葉が何を意味しているかを学び、それがとても古くからの行為基準であることを理解します。

資　料
本：ヘア・ツェマック、マーゴ・ツェマック著『見物料は1ペニー[7]』ファーラ・シュトラウス・ジルー出版社（ニューヨーク）、1971年。

活　動
『見物料は1ペニー』を読んで下さい。子どもたちに、この本の結末は公正だと思いますかと、質問して下さい。「英雄」が基本的な行為基準に、すなわち「黄金律」に従っていないことを、説明して下さい。本のなかの具体例をあげて説明して下さい。この本は、「思考の箱（thinking boxes）」と呼ばれる授業方法を用いるのにたいへん適しています。すなわち、子どもたちは、自分たちの理解力を示したり、物語のいくつかの要点の結論について予測したりする機会を、与えられます。この本を読むと、絵を描く機会も増えます。すなわち、子どもたちは、一つ目族を描くことができます。あるいは、捕虜になった二つ目族の驚くべき姿を描いた看板を作成することなどもできます。

振り返り
子どもたちに、黄金律とは何かを自分の言葉で説明させて、それが何を意味していると考えるかについて、事例をあげて説明させて下さい。

トピック7　人はそれぞれ違うのです

目　的
互いを受け入れて尊重し合う雰囲気を促すこと。正義は誰でも利用できるという感覚を育むこと。

到達目標
子どもたちは、良い法は公正であって、他のみんなと違う人々に対して差別をしないのである、ということを学びます。

資　料
本．ダニエル・マヌス・ピンクウォーター『大きなオレンジ色の汚れ[8]』ヘイスティング・ハウス出版社、1977年。
ジョアン・W．ブロス著、スティーヴン・ガンメル挿絵『ヘンリーじいさん[9]』ニューヨーク、ウィリアム・モロー出版社、1987年。
ミシェル・マリア・スラト著、ヴォ＝ディン・マイ挿絵『天使の子ども、竜の子ども[10]』レインツリー出版社（ミルウォーキー）、1983年。
タロー・ヤシマ、ミツ・ヤシマ『からすたろう[11]』ピクチャー・パフィンズ、ペンギン・ブックス・カナダ、1955年。

活　動
上の最初の二冊は、意図的なルール違反の問題を扱っています。これらの本では、他のみんなとは違う人生観を有する住民によって、隣人たちは混乱に陥ります。この二冊の描写の仕方と結論は、とても異なっています。私は、議論を刺激し、ストーリードラマを創作するために、両方の本を取り混ぜて利用します。どちらの本を題材にする場合でも、子どもたちは、ルール違反をする人たちの問題に対処せねばならない隣人たちの役割を演じます。他のみんなと違う仕方で考えることは犯罪なのでしょうか。他のみんなとうまくつきあうために、同じように考えないといけないのでしょうか。
次の『天使の子ども、竜の子ども』という本は、多文化主義の概念をていねいに紹介しています。この物語では、「争いごとや偏見と差別は、互いを理解する人々によって無くすことができるのだ」と信じて行動する校長先生による、賢慮に基づく紛争解決が描かれています。私はこの本を、文化的多様性と、それがいかに社会を豊かにするのかについて論じるための出発点として、利用しています。
最後の『からすたろう』という本は、最も難しい問題を扱っています。ある人々がルール違反をする理由は、自分たちの人種のためでも、ルール違反を選んだからでもなく、集団に適応できないことについて自分ではどうにもできないからなのです（社会から見捨てられた存在）。このトピックが扱う美と感受性は、この単元の必須事項です。

ルールはこの問題に対処することができるでしょうか。ルールは人々の態度を変えることができるでしょうか。この本は、ルールや決まりの限界を紹介しています。寛容や親切さといった態度を規制することは、ほとんど不可能なのです。

振り返り
ストーリードラマを題材とする美術および作文は、子どもたちが他者への寛容や尊重の概念を把握しているかを確かめるために、用いることができます。『天使の子ども』と『からすたろう』の二冊は、子どもたちが登場人物のなかの一人の立場に立って、自分たちの感情を表現したりする、課題作文の題材として適切です。読書感想文の記録も利用できるでしょう。

追加資料
映画：『マイル18のメアリー[12]』は、アン・ブレーズの同名の本を原作としています。カナダ国立映画製作庁。家族のルールと、ルールの変更の仕方について、取り扱っています。『魔法のキルト[13]』（12分）、カナダ国立映画製作庁。多文化主義と紛争解決について取り扱っています。

トピック8　自分たちのルールを作ろう

目　的
子どもたちは、自分たちの生活の決まりに関与するようになり、自分たちはルールの所有者なのだと自覚するようになります。

到達目標
子どもたちはみんなと一緒に、自分たちが表明した必要性や価値に基づいて、教室のルール（三つから五つ）を作ります。

教　材
「私たちの市民的権利」という図表を書くための、グラフ用紙とサインペン。

活　動
子どもたちは、グループごとに協力して作業を行い、ルールが対処できそうなクラスの問題をリストアップします。ルールを作るとき（後掲の「私たちの市民的権利」の例を参照）に、念頭に置くべき価値のリスト（二つか三つで十分です）も作成します。まず、子どもたちは、小グループで作業をし、それからクラス全体で、クラスの必要性と価値にかかわる三つから五つのルールを作ります。次に、子どもたちは、良いルールの基準（トピック5）を参照して、自分たちが作ったルールがその基準に反していないかを検証し、必要があればルールを変更します。この学習体験は、民主的な政治過程の入門に適しています。すなわち、クラスのメンバーは、自分たちが作ったどの

ルールを、クラスのルールにするかについて投票します。多数決による決定がなされます。

ルールはポスターに印刷され、教室に掲示されます。クラスは、ルール違反がどのような帰結をもたらすかを定めますが、子どもたちは大人よりもしばしば辛辣なので、教師による拒否権があります。

追加活動

1 子どもたちは自分たちのボードゲームを考案し、どのようにして得点するのか、二人のプレイヤーが同じマス目に置いたときどうなるのか、何人が一度に参加できるのか、等々の問題に対処するルールを作ります。
2 子どもたちは、体育の一環として、得点方法や体系的なルールが定められている競技を作ります。

私たちの市民的権利

私はこの教室で幸福になり思いやりをもって扱われる権利を有します。
　これは、誰も私を笑ったり私の感情を傷つけたりしない、ということを意味します。

私はこの教室で自分自身のままでいられる権利を有します。
　これは、私が黒人だとか白人だとか、太っているとか痩せているとか、背が高いとか低いとか、男だとか女だとかいう理由で、不公正に扱われないのだ、ということを意味します。

私はこの教室で安全である権利を有します。
　これは、誰も私を叩かないし、蹴らないし、押し倒さないし、殴らないし、傷つけない、ということを意味します。

私はこの教室で聞いたり聞いてもらったりする権利を有します。
　これは、誰も怒鳴ったり、悲鳴を上げたり、叫んだり、騒音を出したりしない、ということを意味します。

私はこの教室で自分自身について学ぶ権利を有します。
　これは、私は妨害されたり罰せられたりすることなく、自分の感情や意見を表明する自由を有するのだ、ということを意味します。

トピック9　ルールは変更できるのです
——私たちは自分たちのルールを修正します——

目　的
ルールは社会の必要性と価値に対応しているから、必要性と価値の変化に応じてルールを修正する余地がないといけない、という考えを育むこと。

到達目標
子どもたちは、ルールとは人々が互いにうまくやっていくために用いる道具であり、人々はルールを制御したり変更したりできるのだ、ということを理解します。子どもたちは、自分たちが作った教室のルールを見直して、その見直しに基づいてルールを修正・削除・追加します。

資　料
教室のルールとその帰結に関する図表。

活　動
子どもたちは、小さなグループごとに集まって、教室のルールについて話し合います。教室のルールは必要でしょうか。教室のルールは、子どもたちが対処しようと考える問題に対処するために、効果的でしょうか。教室のルールがもたらす帰結は、公正かつ効果的でしょうか、等々。子どもたちは、教室のルールがどのような変化をもたらしたと、考えたがるのでしょうか。それはなぜでしょうか。子どもたちは各自で、教室のルール報告書（以下のサンプルを参照）に記入します。報告書の内容は集計され、集計結果はどのルールを修正する必要があるか（修正する必要があるとすれば）を示しています。子どもたちは、教室のルールを修正するかについて、投票を行います。

教室のルール報告書

ルール1（ルールの内容を書いて下さい）

私たちはこのルールを必要とするでしょうか。もしもそのルールが必要だとしたら、あなたがそのように考えるのはなぜですか。

このルールを保持すべきだと考えるとしたら、そのルールを修正する必要はあるでしょうか。どのように修正すればよいか、あなたの意見を書いて下さい。

ルール2（上と同じように、教室のそれぞれのルールの内容を続けて書いて下さい）

参考文献

A Resource Guide to Assist Lawyers and Law Students for Participation in Kindergarten through Eighth Grade Law-Related Classrooms. (1981). Washington, D.C.: Phi Alpha Delta Law Fraternity International, Juvenile Justice Office.

Audio-Visual and Publications Catalogues. Published each year by the Legal Services Society of British Columbia.

Educating for Citizenship (Vol. 1). (1982). Rockville, MD: Aspen Law-Related Education Series, Aspen Systems Corp.

法創造については以下を参照。Law in Action Series, 2nd edition for teachers: (1980). Riekes-Ackerly.*Lessons in Law for Young People.* St. Paul: West Publishing Co.

訳注　（以下の訳注1では、ドラマ教育で用いられる物語劇に関する参考図書をあげている。訳注2以降では、本文で参照されているビデオテープ、映画、本の情報を記している。）

[1] 物語と劇を結びつけた「物語劇」については、デイヴィッド・ブース著、中川吉晴ほか訳『ストーリードラマ――教室で使えるドラマ教育実践ガイド』（新評論、2006年）を参照。
[2] 'It's Not Fair!' videocassette, 19 min. British Columbia: People's Law School, 1983.
[3] *Tin Lizzie* by Peter Spier, New York: Doubleday, 1975.
[4] 'Every Dog's Guide to Complete Home Safety' (10 min.), National Film Board, 1986.
[5] 'The Old Lady's Camping Trip,' National Film Board.
[6] *Strega Nona* by Tomie de Paola. Prentice Hall, 1975.
[7] *A Penny a Look* by Harve and Margo Zemach. New York: Farrar, Strauss, Giroux, 1971.
[8] *The Big Orange Splot* by Daniel Manus Pinkwater. Hastings House, 1977.
[9] *Old Henry* by Joan W. Blos, illustrated by Stephen Gammell. New York: Wm. Morrow, 1987.
[10] *Angel Child, Dragon Child* by Michele Maria Surat, illusrated by Vo-Dinh Mai. Milwaukee: Raintree, 1983.
[11] *Crow Boy* by Mitsu and Taro Yashima. Picture Puffins, Penguin Books Canada, 1955. 原著は八島太郎『からすたろう』（偕成社、1979年）。

[12] *Mary of Mile 18* based on the book of the same name by Ann Blades. National Film Board.
[13] *The Magic Quilt* (12 mins.), National Film Board.

第8章
ゲームと模擬実験を通じた法の経験

ルース・イェーツ

> 小、中、高等学校において個別の教育がされる科目ではないため、法の概念を授業に含めたいと考える教師は、それらを主要科目の中に組み込む方法を見つけ出さねばなりません。実際に法に関する教科を提供しなくても、法がどのように作られるか、法の社会的な目的は何か、そしてそれはどのように執行されるのかなど教室で法について教える機会はたくさんあるでしょう。

　小中学校の授業で法または法の概念を教えている教師たちと何年も仕事をして、私たちは教える上での多くの有益な工夫、教材、教科単位毎の企画を集めました。そしてそのうちのいくつかをここで紹介することは有益だと考えました。これらは主として、どの教室でもそこに合わせて使用できるモデルの役割を果たすからです。

　模擬裁判は、多くの教師にとってなじみのある方策です。でも、模擬裁判は複雑に見えるという理由で行ったことのない人たちに役立つように、私たちは、生徒たちに裁判手続をよりよく理解させる方法についての簡単なアウトラインを用意しました。子どもたちは実際の生活を模したゲームをすることが好きですから、私たちは、法の制定、代表民主制、利害関係者、交渉といった法の概念に依拠した模擬実験の作業を以下に紹介します。法制度における重要な要素である理由づけと判断形成の技能は、私たちが子どもたちに習得してほしいものです。それらを訓練する機会を子どもたちに与えることは、私たちが後に紹介する正義のサークル（Justice Circle）と呼ばれる訓練の目的の1つでもあります。その訓練は、裁判に代わる法律問題を解決する方法といえます。

模擬実験作業——模擬裁判——

　模擬裁判とは、生徒たちが教室または法廷において裁判劇を行う模擬実験作業

です。それは架空の登場人物の起訴から実際の裁判の再現にわたるものです。模擬裁判は、用意された脚本を演じたり、被告人、被害者、証人、弁護人と検察官、裁判官および裁判所職員の役割に関する生徒たちの研究と発表に基づいて行うことができます。模擬裁判は、生徒たちに法の概念と法廷での手続について紹介するための価値のある方法を提供することができますし、また、2年生からはほとんどの授業において行うことが可能です。実施の際の複雑さは、教師と生徒の力と熱意さえあれば最小限になるのです。様々な年齢のグループに向けて作られた模擬裁判キットが入手できますし、それは初めて模擬裁判を行う授業にとっては便利です。しかし、教室での模擬裁判の試みを可能にするには十分な情報が必要でしょう。1度経験したあとには独自の模擬裁判を創ってみようとするようになり、それを実現すれば、生徒たちに素晴らしい成果をもたらすでしょう。

　模擬裁判の実施を決定する第一段階は、模擬裁判を通して達成する教育上の到達点を決めることにあります。それは、国語や社会、またはこの本の第10章で説明するように、科学にもつながるでしょう。次に挙げるものは、授業で模擬裁判を行う教師が発達させることのできる学習効果の一部です。模擬裁判は、

- ➡ 法に対する生徒の熱意を育てます。
- ➡ 生徒たちが、法の原則について直に経験し学ぶことができます。
- ➡ 生徒たちに、カリキュラムの教材により関わる動機づけを与えます。
- ➡ 刑事裁判システムに関係する人々に対する生徒たちの共感を育てます。
- ➡ 証拠手続や証拠法の理由を正しく認識する機会を生徒たちに与えます。
- ➡ 協力、コミュニケーション、説明、批判的思考と聞き取りの能力を教えることに役立ちます。
- ➡ 態度変更、逆境に置かれた際の大きな自信、新しい経験をより受け入れようとする姿勢、そして立場を修正することへの新たな意欲という結果を導きます。

　刑事模擬裁判に必要な要素は、犯罪事件、被告人、犯罪行為の被害者と証人です。もし教える単元の中心が架空の作品に基づくものであればおそらく、登場人物と事件とが模擬裁判の基礎となるでしょう。もし社会科の授業で主題が歴史的な性格のものであれば、研究は実際の事件について行われ、そして模擬裁判は歴史上の人物とできごとに基づいて再現されるでしょう。実際の歴史上の事件には

実在しない登場人物を創作してもかまいません。裁判を架空の登場人物と事件から作り出すにせよ、実際のものから作り出すにせよ、手続は同じであり、授業の必要性に合うように修正することができます。

ステップ1　場面設定

事件の事実を生徒たちが確定できるように、背景についての十分な情報を与えて、犯罪が行われた場面を決定して、説明します。被害者、状況、被害について確定します。教師は、模擬裁判を準備する方法として、犯罪の場面を生徒に脚色させるのもよいでしょう。ありそうな犯行者を明らかにし、この者にどのような告訴ができるかを決定します。すべての裁判前手続が行われ、被告人が裁判の日を決められたと想定してください。

ステップ2　裁判の準備

検察官役の3名の生徒チームを選びます。別の3名の生徒のチームは弁護人の役です。2つのチームは争いのない事実に精通し、被告人と事件の証人に質問を行います。

ステップ3　事実の認定

検察側の証人として3名の生徒を選び、別の3名を弁護側の証人として選びます。各々の生徒は被告人や被害者について何を目撃し、知っているかが書かれた役割カードを与えられます。証人は、事件について知っていなくてはならないし、犯罪に関して何を目撃したのか、また、被告人や被害者について知っていることについて、弁護人の質問に答えなくてはなりません。特定の犯罪や病気については、法科学者や医学の専門家は、犯罪を目撃していなくても法廷で証言するために召喚されることがあります。彼らは、犯罪の性質や被告人の犯罪行為能力について最大限明らかにするための調査を行わなくてはなりません。

弁護人は証言台に立つ証人に対する質問を準備します。それぞれのチームは、被告人が起訴された犯罪行為について判事や陪審員に有罪または無罪を確信させるために、冒頭陳述および最終弁論を準備します。

ステップ4　模擬裁判

1名の判事役と8、10ないし12名の陪審員役の生徒を選びます。裁判所書記官、訴訟手続記録官および廷吏でもって法廷の構成員は出揃ったことになります。各々は役割に向けた準備を行うために裁判手続の概要を知らされなくてはなりません。

生徒たちがチームで集まり、証人に質問し、法廷での戦略を準備するために授業時間を使うようにしてください。模擬裁判を本物の法廷でできない場合は、教室の備品を法廷に似せて配置し、判事や弁護人の法服を借りましょう。参加者に衣装を着せることで、模擬裁判の劇的な要素が増大し、生徒たちが自分の役割に真剣に取り組むことになります。法服は、通常は地域の裁判所で借りることができます。

法廷の図解と裁判手続

以下の頁における法廷の図解と裁判手続の出典は、次のとおりです。

図解：Legal Services Society of B.C. (1987). Learning Law Through Mock Trials.
裁判手続：British Columbia Law Courts Education Society Legal Safari (Part3) Adventures in Justice.

ステップ5　審理

裁判手続：

廷吏：全員起立。これより開廷する。担当は、[　　　　　]判事（判事が着席を促すまで全員が起立したまま）。
判事：着席して下さい。
書記官：女王対［　　　　　］事件。
判事：ありがとう。当事者は全員出廷していますか。
検察官：（起立し、判事に向かって）はい、判事閣下。私は[　　　　　]で、これらは私の同僚である[　　　　　]と[　　　　　]です。我々は女王の名のもとに訴追いたします。
弁護人：（起立し、判事に向かって）はい、判事閣下。私は[　　　　　]で、これらは私の同僚である[　　　　　]と[　　　　　]です。我々は被告人の代理人です。

判事：ありがとう。（書記官に）起訴内容を読み上げて下さい。（判事は被告人に向かって）
　　　起立して起訴内容を聞いて下さい（被告人、弁護人、書記官は起立）。
書記官：[　　　　　]、あなたは、[　　]月[　　]日、[　　　　　]において、[　　　　]の罪を犯しました。罪を認めますか。
被告人：無罪を主張します。
書記官：判事閣下。被告人は、「無罪」を主張しています。
判事：（検察官に向かって）手続を進めて下さい。（判事は検察官に冒頭陳述を促します。これは2〜3分程度の事件の事実説明であり、なぜ被告人が有罪かを示すものです。）

設　定

下の図解は、刑事法廷内の配置を示しています。

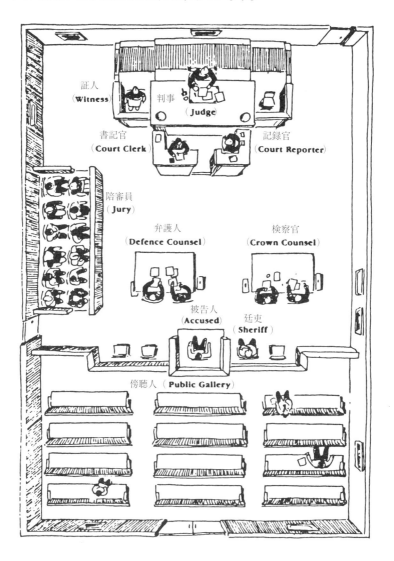

設定

検察官：(冒頭陳述) ……では、第一の検察側の証人 [　　　] を呼びたいと思います。
書記官：(証人に向かって) 聖書に右手を載せて下さい。真実のみを述べることを神に誓いますか？
証人：誓います。
　(検察官が証人に質問を行います。)
判事：弁護人はこの証人に対して反対尋問を行いますか？
弁護人：はい、判事閣下。(起立し、検察側の証人１に質問を行います。)
判事：(検察官に向かって) この他にも証人を呼びますか？
検察官：いいえ、判事閣下。これで終わります。
判事：(弁護人に向かって) 弁護を始めて下さい。
弁護人：(冒頭陳述後、弁護側の証人名を告げます。)
書記官：(順に、証人の名を呼び、前述のように宣誓をさせます。弁護人は証人尋問を行い、証人は検察官による反対尋問を受けます。)
弁護人：(弁論を終了) これで終わります。判事閣下。
判事：(弁護人に最終弁論を促します。これは、弁護側証人により明らかになった重要ポイントの要約です。)
弁護人：(陪審員に対する最終弁論を行います。)
判事：(検察官に最終弁論を促します。)
検察官：(陪審員に対する最終弁論を行います。これは、検察側の証人によって明らかにされた重要ポイントの要約です。)
判事：(陪審員に対する説示を行います。)
　(陪審員は評決のために退席します。もっとも、傍聴人にとっては陪審員が法廷で評議した方がより興味深いですが。)
　(陪審員が法廷に戻ります。)
判事：陪審員の皆さん、評決に達しましたか？
陪審長：はい、判事閣下。[　　　] の犯罪について、我々は、被告人は (有罪／無罪) であるという結論に達しました。
　(評決が無罪の場合、判事は被告人を釈放します。もし評決が有罪の場合は……)
判事：検察官は求刑について述べて下さい。
検察官：(検察官は適切な量刑について述べます。)
判事：ありがとう。弁護側は量刑について意見を述べて下さい。
弁護人：(弁護人は適切な量刑について意見を述べます。)
判事：(被告人に量刑を言い渡します。) これで閉廷します。
書記官：全員起立、閉廷する (判事が退席するまで全員が起立しています。)

ステップ6　感想、意見の聴取

模擬裁判の後、生徒から感想、意見を聞く場を持つことが大切です。生徒たちに、自分たちの役割についてどのように感じたかを聞いてみましょう。裁判における証言は、犯罪、犯罪者または被害者について別の見方を与えましたか？手続は公正でしたか？すべての情報が明らかにされましたか？司法制度について何を学んだか、それは法についての見方にどのように影響を与えたかを生徒たちに聞いてみましょう。検察官や弁護人が被告人について適切に訴追したり弁護したりするには、事前に知っておくべきことは何でしょうか？評決が適切か、そして被告人について裁判し量刑を科すことの困難さについて生徒達に聞いてください。生徒たちが、問題を別の仕方で解決できたと考えているかどうかを確認してみてください。

模擬実験ゲーム

教室で模擬実験ゲームを行うことは、生徒たちを3つの重要な分野で助けることになります。

参加者は：
- ➡ 状況分析と状況判断の技術を高めることができるし、結果をすぐに経験できます。
- ➡ 自分自身の行動を洞察し、他人の行動に対する感性が高められます。
- ➡ 互いの関係を効果的に処理する技能を訓練し、洗練することができます。

模擬実験ゲームは多くの形態をとることができるものであり、出版されたカリキュラム教材の中には、教師が自分自身で作成するゲームのモデルとなるような多数の例が載っています。ここでは、5～7年生の生徒にふさわしい例を1つ紹介することにします。

カナダ憲法については近年、どのように改正すべきかについての多くの議論が行われています。生徒たちは、憲法の改正手続は非常に複雑であり、多くの議論、交渉と妥協を必要とすることに気づくでしょう。法は州議会と連邦議会の議員によって作られていることを、生徒たちは理解すべきです。市民が法の制定過程に参加したいと考えるならば、代表制の原理を理解しなくてはなりません。憲法ゲームは子どもたちに、集団の利益を代表することはどういう意味なのかを意

識させ、様々な集団を特徴づける性格の理解を助けることになります。法は個人の権利を保護すべきですが、同時に、社会の秩序を守り特定の集団の要求を満足させなくてはならないものでもあります。このゲームの参加者は、何が地域や国にとって最善なのかを考えながら自分の欲求を満たさなくてはならないことに欲求不満を感じるかもしれません。

憲法ゲーム

　憲法のルールをクラスでのルールに関連させることによって、憲法とは何かを定義づけます（憲法は国家にとってのルールであり、クラスのルールはクラスにとってのものです）。

　なぜ私たちは憲法を必要とするのでしょうか？（国家に秩序を与えるため、市民を守るため、社会を組織するため、そして国家が平和で正義にかなった道を進むようにするためです。）

　誰が憲法のルールを決めるのでしょうか？（市民または政府にいる市民代表です。）

　憲法のルールを作るにはどのくらいの期間が必要でしょうか？（どれだけの人々が関与するか、そして争点がどのくらい複雑かによります。）

　憲法のルールはどのようにして作成されるのでしょうか？（議論、ディベート、交渉と妥協を通して作成されるものです）。

　カナダにおいてはどのように行われたのでしょうか？（カナダはイギリスの植民地として始まったので、民主主義にしたがって生きることを既に知っていた古い民族のカナダは、イギリスで機能していた多くのルールを受け入れました。カナダが国家として存立してから後、私たちはイギリスのルールのいくつかはそのままにしておきましたが、残りのルールについては煩わされることなく、いくつかの新しい独自のルールを生み出しました。）

　このゲームの意図は、全員に必要とされるルール、廃止・変更・修正されるべきルールを決めることによって、社会的な変化を生み出すことにあります。人々は、家族であれ学校・職場または地域であれ、身近で小さな集団のためにルールを作成します。国全体に適用されるルールについては、人々は、そのルールを作成する議会の構成員である代表者を選出するのです。市民は代表者に指示を与え激励するのですが、いったん代表者が議会に行けば、少なくとも次の選挙までは市民は自分の決定に忠実です。

ルールは、私たちが価値を見い出し、または重要と考えることに依拠しています。このゲームにおいて各々の生徒は、ある集団の代表者となります。これらの集団は、カナダ北部、カナダ大西洋岸地域、大草原諸州といった地域に住む人々によって構成されます。これらの集団はまた、独特の性質を有する人々によって構成されています。それは、全員がある国から来た集団、または全員がある特定の言語を話す集団、または全員が女性の集団、全員が機関士の集団ということです。すべての集団が、他の集団によって認められ敬意を払ってもらいたいと考える特別な利益をもっています。各生徒には、どの集団を代表するのかが書かれた役割カードを配られます。いったん生徒が自分の役割を知れば、次に自分と何らかの共通点がある代表者を探すでしょう。自分自身で全てを行わなければならないとすると、何もなし遂げられないので、関心と信念が同じ人々と、自分と同じ必要性のある人々と協力することが常に最善の道です。共通の利益に関する第一の分野は、人々が住んでいる地域です。同じ色の役割カードを持つ人々は、国の中で同じ地域から来た人々です。したがって、参加者の最初の仕事は、同じ地域に住んでいる人々を見つけ出し、同じ地域に住む自分以外の人々が何に関心があるかを見つけることです。

　次の質問は、生徒が役割カードを熟読して答えるべきものです。
　１．私たちはどこに住んでいますか？
　２．私たちはどの言語を話しますか？
　３．私たちと同じ地域には、どのような他の集団が住んでいますか？
　４．私たちはどのような仕事をしていますか？
　５．私たちの生活で最も大事なことは何ですか？

　次に、地域によって分けられた各集団は、国の中に必要と考える最も重要な３つのルールを決めなくてはなりません。ルールは集団に渡されたリストの中から選んでください。

　自分が属する集団が最も重要な３つのルールを紙に書いた後、集団の中で黒丸がついた役割カードを持っている人が、国の議会での集団の代表者となります。各集団の代表者は、自分が属する集団が選んだ３つのルールを持参し、各集団が選んだルールの中から12のルールを採用するための代表者の会議に出席します。代表者たちが会議を行っている間、集団の残りの人は、他の集団の中で、自分た

ちの役割カードに書いてあるのと同じ記号を持つ人を探さなくてはなりません。役割カードに同じ記号を持つ人を探し出したら、一緒に座り、自分たちの利益や関心事について議論し、互いの共通点は何かについて判断しましょう。その後、自分たちは地域の代表者を支持するか、自分たちの特別な利益を共通にする集団を支持するかを決めなくてはなりません。

　代表者たちは総会を開き、自分たちが合意に達した12のルールを発表することになります。これらのルールは全員が見ることのできる黒板に書かなくてはなりません。その後、投票の手続に入ります。各代表者は3つのルールのそれぞれについて、賛成票を5票割りあてられています（なぜなら彼らはもとの集団を代表しているからです）。教師は、添付の表にしたがって、黒板での投票について記録して行かなくてはなりません。代表者たちの投票は、まず表に記載されますが、総会の最後には他の参加者にも公開しなくてはなりません。他の参加者は、3つのルールのそれぞれについて1票の賛成票を割りあてられ、別の3つについて1票の反対票を割りあてられています。しかしもし自分以外の4人を自分と同じ側に投票するよう説得できれば、代表者の投票を無効にする十分な力があることになります。彼らがルールに賛成するにしても反対するにしても、その意見が通るには十分です（法を作るには10票が必要とされます）。

　作業の最後には、新たなカナダ憲法を形作る9つの法が成立するはずです。最終的に決定されたルールの一覧に全員が満足しているでしょうか？それらのルールは国家を治めるのに十分でしょうか？何か足りないものはないですか？これらのルールのうちのどれかを変えるべきでしょうか？あなた方が国家のために作ったルールはクラスのルールと比較してどうですか？

提案されるルール

1. 市民は、誰からも迫害されたり傷つけられることのない権利があります。
2. 市民は、政府を批判し他人に敬意を払わない場合であっても、自分の考えを自由に発言する権利があります。
3. 市民は、政府のために代表者を選定する権利があります。
4. 市民は、一定水準を満たす仕事を正当な賃金で行う権利があります。
5. 市民は、自由に居住場所を決める権利と、カナダおよびアメリカ合衆国を自由に旅行する権利があります。

6. 政府は統治のコストとして人々に課税をする権利があります。
7. すべての人々は平等に扱われねばなりません。
8. すべての人々は、中等教育以上の教育を受ける権利があります。
9. すべての人々は、医療を受ける権利があります。
10. すべての人々は、法の援助を受ける権利があります。
11. 誰でも、清潔な空気を吸い、清潔な水を飲む権利があります。
12. 誰でも、自分が選択する言語で話し、政府のサービスを受けることができるようにすべきです。
13. 誰でも、自分が好む場所で動物を狩り、魚を釣り、木を切り、鉱物を掘ることができるようにすべきです。
14. 誰でも、財産を所有し、他人の干渉から保護されるべきです。
15. 仕事を見つけられず、貧しい地域に居住する市民は、政府から追加の金銭を受け取るべきです。
16. 先住民は、自治権を有するべきです。
17. 男性と同じ仕事をする女性は、男性と同じ報酬を受けるべきです。
18. すべての子どもが昼間の保育を受けられるようにすべきです。
19. 誰でも宗教の自由を認められるべきです。
20. 誰でも法の下で平等に取り扱われるべきです。

役割カード

6つの正方形に区切ることができる8.5×11インチの5枚の色紙を用意してください。それぞれの正方形には、その地域に住む人の説明が書かれます。色紙は切り分けられクラスの構成員に配られます。

緑色——ウェストコーストとユーコン、赤色——プレーリーとノースウェストテリトリー、黄色——オンタリオ、青色——ケベック、白色——マリタイム。

オンタリオ——黄色の紙

1．あなたはオンタリオの小さな町に住んでいる。鉱業に従事し、週末には猟や釣りを楽しんでいる。子どもはまだ小さく、住宅ローンや食糧のための十分な金銭を得ることは難しい。	4．あなたと家族は、5世代に渡ってオンタリオに住み続けてきた。あなたは、学校、事業、政府は英語でのみ運営されるべきである考えている。それは、多くの金銭を生み出し、人々は平等に取り扱われるからである。
2．あなたはオンタリオ南部の大都市に住んでいる。鉄鋼工場で働き、週末には、フットボールとホッケーの試合の観戦を楽しんでいる。収入は良いが、子どもたちを大学に行かせるには、収入よりも費用がかさむ。	5．あなたは、オンタリオ北部の居留地に住む先住民である。貧しく、何年も政府にひどい扱いをされてきた。あなたは仕事がなく、子どもたちは学校で問題を抱えている。
3．あなたはオンタリオでフランス語を使用している。子どもたちをフランス語で教育する学校に行かせており、それには多くの費用がかかるため、このように余分の費用がかかることは、不公平だと感じている。	6．あなたはオンタリオに住む女性で一定水準の賃金を得られるフルタイムの仕事をすることができない。それは、子どもたちの良い保育所がないからである。

ケベック——青色の紙

1．あなたは、ケベック北部の水力発電会社に勤務している。氾濫のために、水力発電計画が環境に与える被害について、多くの苦情が寄せられている。しかし、あなたは仕事が好きであるし小さな地域で暮らしており、会社が環境に問題を生じさせていても、会社を閉鎖してほしくないと考えている。	4．あなたはケベックで英語を話す住人であり、もしケベック州が分離したら、あなたが勤務している会社がトロントに移ることを怖れている。あなたはケベック州の文化が好きなので、ケベック州に住みたいと考えているが、もしイギリスの会社が移ってしまったら、ここでの仕事の機会は多くはないだろう。
2．あなたは、モントリオールのコンピューターソフトウェアの会社に勤めている。あなたは大学教育を受けており、子どもも大学へ行くべきだと考えている。しかし、子どもたちが必要な教育を受けるには、州の外に出なくてはならない。	5．あなたはモントリオールの近くに住む先住民である。あなたは、ケベック州政府の先住民の扱いに満足していない。ニューヨーク州境を越えたところに仕事の機会があるが、政府の規制のために、州境を行き来することが難しい。
3．あなたはフランス語を話すケベック住民であり、ケベック州はカナダの残りの	6．あなたは、ケベック州に住むフランス語を話す女性であり、ケベック州の法や

| 部分から分離するべきだと考えている。国を支配しているのは英語を話すカナダ人であり、フランス語を話すカナダ人は教育や仕事の面で平等な機会が与えられていないため、州の方が独自により良いことができるとあなたは考えている。 | 裁判所に公平に扱われていないと感じている。そして、あなたは、一定水準の賃金の仕事を入手する公平な機会がない。 |

マリタイム——白色の紙

1．あなたは、ニューファンドランドに住む漁師であり、魚不足のため仕事がない。政府の規制によって工場が損害を被ったため、あなたは家族を養うのに福祉に頼っている。生活は困難だが、あなたの家族にとって1世紀以上も故郷であったこの島を離れたくないとあなたは考えている。	4．あなたは、プリンスエドワード島に住んでおり、家族の農場で良い生活をしている。あなたは島での静かな生活を気に入っており、島と本土を結ぶ新しい橋に難色を示している。あなたは、多くのよそものがやってきて、幸福な隔離された生活を失うのではないかと怖れている。
2．あなたは、ノヴァスコシアの教師であり、多くの著者がオンタリオで仕事を見つけるために田舎を離れることを心配している。あなたは自分の子どもたちにノヴァスコシアに留まってほしいと思っているが、ここでは子どもたちに多くの機会がないことも知っている。	5．あなたは、マリタイムに住む先住民である。あなたは、猟や釣りを好むが家族を養うために安定した仕事も必要である。あなたは政府のサポートが嫌になっており、子ども達が独立して豊かな生活が送れるように育ってほしいと望んでいる。
3．あなたは、フランス語を話すニューブランズウィックの住人であり、ケベックが分離を選択したら何が起こるかを怖れている。子どもたちが通うフランス語の学校があるだろうか、また、あなたはフランス語で政府のサービスを受けられるだろうか？	6．あなたは主婦であり、仕事を始めたいと思っているが、その前にトレーニングが必要だと考えている。小さな町であるノヴァスコシアには、女性に多くの機会がなく、あなたは目的の達成には政府の奨励プログラムが必要だと考えている。

プレーリー——赤色の紙

| 1．あなたはサスカチェワンの小麦農家であり、何世代もこの土地に住んでいる。しかし、今や機械は高額になり、小麦の価格は非常に安くなったので、農園を続けることは困難になりつつある。あなたは助けを必要としており、プレーリーの | 4．あなたはレジャイナに住む司書であり、カナダには保存すべき重要な歴史や遺産があると思っている。その多くはプレーリーにあるが 農業や農園生活の変化によって、多くの住民があきらめて、移住してしまった。あなたは彼らがここ |

穀物農家に対する政府のサポートを求めている。	に留まることを助けるために何かしたいと考えている。
2．あなたは、ウィニペグの光ファイバー製造工場で働いている。それは、ハイテクを必要とする仕事なので、その仕事に就くには、トロントで特別のトレーニングを受けなくてはならなかった。あなたは、子どもたちに近くで暮らしてほしいと望んでいるが、マニトバではトレーニングの機会がない。	5．あなたは、アルバータ南部に住む先住民である。ここでは先住民への差別が根強いので、生活は楽ではない。あなたは、自分たちに必要なことを行う共同体を作る機会を願っている。
3．あなたは、両親が60年前に自営農地として手に入れたマニトバ西部の農場に住むウクライナ系2世である。あなたは子どもたちに自分の両親の文化や言葉を学んでほしいと思っているが、公立学校ではそのような機会がないことを心配している。	6．あなたは家族が営む農園で一生懸命に働いてきた農園経営者の妻である。あなたは夫と離婚しようとしているが、全ての財産が夫の名義であるため、あなたには何も権利がないことがわかっている。あなたは他に生計を立てる手段をもっていないので、離婚調停で公正な扱いをしてほしいと考えている。

ウェストコースト——緑色の紙

1．あなたは、ヴァンクーバー島から来た伐木作業員であり、島全体を公園にして保存しようとする環境保護論者によって仕事を脅かされている。あなたには養うべき家族がおり、あなたは、島には公園と伐木両方の場所があるから、政府により責任のある伐木を実行してほしいと考えている。	4．あなたは、ブリティッシュ・コロンビアが小さな町のような場所だった25年前に東部から移住した。そこは急速に発展し、新たな人々のほとんどは、アジアからの移民だった。彼らは全ての良い仕事を手に入れ、土地を購入し、学校のほとんどにあふれており、あなたは政府が移民政策を変更すべきでないのではないかと考えている。
2．あなたはブリティッシュコロンビアの大きな都市にある家具店のオーナーである。クロスボーダーショッピングや値引きをするデパートや巨大なモールのせいで、経営が困難になっている。人々はかつてのように家具を購入しないため、非常に高い税金のため困っている。あなたは何か人々に地元の小売業者を助けようとさせるものを必要としている。	5．あなたはヴァンクーバーに住む先住民である。居留地には仕事がないため、あなたは両親の家を離れた。都市で仕事を見つけることは困難で、あなたは都市に住むことを嫌っている。あなたは、自然の近くに住む自由を望んでいるが、そこで生きる方法はない。

第8章 ゲームと模擬実験を通じた法の経験

地域 (Regions) 法 (LAWS)	マリタイム (Maritimes)	ケベック (Quebec)	オンタリオ (Ontario)	プレーリー (Prairies)	ウェストコースト (West Coast)	人 (PEOPLE)	総計 (TOTAL)
1						+ —	
2						+ —	
3						+ —	
4						+ —	
5						+ —	
6						+ —	
7						+ —	
8						+ —	
9						+ —	
10						+ —	
11						+ —	
12						+ —	

憲法ゲーム ――投票の図

3．あなたはアジアからの移民であり、子どもたちは英語を学ばなくてはならないが、学校は混みあっており、財源不足で、子どもたちには努力しても成功の見こみがない。あなたは、自分が得られなかった機会を子どもたちにもってもらいたいと考えており、一生懸命仕事をするつもりであるが、生きるために賃金が必要である。	6．あなたは若い女性弁護士であり、輝かしいキャリアを望んでいるが、同時に家族をもつことも求めている。しかしそれを両立する道はないように思われる。弁護士として成功するには、オフィスでずっと時間を過ごす必要があり、依頼人や仕事のために競わなくてはならない。そのような競争的な世界では、家族との生活の時間をもつのは不可能である。

　集団が最終的なルールの一覧を採用したとき、教師は、出来の良い法は人々の生活が持つ3つの面、すなわち、個人としての面、集団や地域の一部としての面、そして最後に国家の市民としての面に配慮していることを指摘しなくてはなりません。授業では、生徒たちが作成した法をこれらの3つのカテゴリに合うように分類することもできます。クラスで採用したルールが、これらの3つの要素を満たしているかどうかを決め、そして国家の生活を可能にしている憲法には実際にどのような他のルールが規定されているかについて議論してください。

ロール・プレイ作業

　子どもたちに司法制度を考えることを促すロール・プレイ作業は、カナダの司法制度が、カナダの先住民共同体が抱える問題のいくつかに、取り組むときに使う新しい戦略に基づいています。これまで私たちの法制度は、先住民が直面する困難にうまく対応してきませんでした。司法システムは、現在、先住民がカナダ法に違反した場合の問題を解決する方法として、先住民の伝統と慣行に目を向け始めています。

　正義のサークル（Justice Circle）と呼ばれる模擬実験は、クラス全体を巻き込む作業であり、学校または地域共同体において起こり得る多くの犯罪に基づいて行われるものです。第一のステップは、あなたの学校や近所でありふれている犯罪の問題を選ぶことです。この用例として、私たちは学校における破壊行為の問題の解決に取り組むことにします。

ステップ1　場面設定

　最近、学校の所有物を破壊する行為が相次いでいます。損傷は通常、全員が仕事を終えて退出した後に起こり、学校に侵入するためにバールその他の道具によって窓が割られ、ドアの鍵が壊され、そしてゴミ缶がひっくり返され、その中身が運動場に散乱しているのです。この問題については学校のすべての人が心配しています。校長はドアや窓を修理するための費用や問題について気をもむことになります。生徒たちは運動場にゴミがあることを好みません。最終的に6年生がこの行為に関して教師につかまったとき、全員が非常にほっとしました。今、全員が、犯行者を罰するには、そしてこのようなことがもう起こらないようにするには何をすべきか思いをめぐらしています。学校当局は、この問題を告発したり警察に引き渡したりすることは望んでおらず、正義のサークルを作るという別の方法でこの問題を解決することを決定しています。

ステップ2　正義のサークルへの参加者の選出

　上で紹介した脚本を生徒たちに詳しく説明した後、生徒たちは（脚本中の）校長が設置した正義のサークルの当事者になることを告げてください。1名の生徒が若い犯行者を演じ、1名の生徒が犯罪で告発された者の権利を守るために弁護人に任命されます。他の生徒たちは、犯行者の両親、保護者または兄弟姉妹、犯行者の家族のために働くことを目的とするソーシャルワーカーを演じます。1名の生徒は警察官の役であり、助言を与え、問題が裁判所で対処されるやり方について述べます。他の生徒は、学校の校長や犯罪行為をした生徒の先生など他の役を演じるでしょう。生徒たちはまた、犯罪行為をした生徒の友人を演じることもできます。役割を割りあてた後、クラスを、犯罪・犯行者・犯行者への対処についての考えを共有できる家族・学校・地域共同体の従事者といった小さな集団に分けてください。犯行者を弁護する役割を割り当てられた人は、この事件に対する全員の意見について感触を得るために、3つの集団の間を回らなくてはなりません。生徒たちには、自分たちが役割を演じている者の視点から状況を議論することを念押ししてください。生徒たちは、8インチ×5インチのカードに次の情報を書くよう指示されます。

　　氏名：
　　　➡ 犯行者とはどのような関係ですか？

➡ 犯行者について何を知っていますか？
　➡ 犯行によって被害を被りましたか？
　➡ この犯罪行為はどのように取扱われるべきと考えていますか？

　生徒たちは、以下の質問に対してもどのように答えるかを考えなくてはなりません：

　➡ この事件に影響を与える配慮すべき事情とは、どのようなものでしょうか？
　➡ この生徒について過去に何か別の問題があったでしょうか？
　➡ 家庭では何か問題があったでしょうか？
　➡ 学校でこの生徒はどのように過ごしていましたか？
　➡ 犯行者にとって最善の方法は何でしょうか？
　➡ 損害について学校はどのように補償することができるでしょうか？将来このような問題が起きないようにするにはどうすればよいのでしょうか？

ステップ3　正義のサークルの設定

　集団が自分たちの感情や考えを共有し、それぞれが役割カードを書き終えたら、正義のサークルをどのように運営するのかをクラスに説明する時間となります。教室または体育館の真ん中の広い場所を片付け、大きな輪を作るように参加者である生徒たちすべてを座らせてください。教師が正義のサークルのリーダーとなり、発言者の杖（talking stick）を持って輪の上部に座り、他の人は話す順に座ります。リーダーは、集まりの目的つまり学校の所有物を破壊して捕えられた者はどのように取り扱われるべきかを決定するという目的を説明します。輪に座っている人はそれぞれ特別の利害関係があり、自己紹介と犯行者との関係を述べる機会を与えられています。発言者の杖は話す順に参加者の手に渡されます。話す順番は犯行者の弁護人から始まり、最も近い人が次に話すことになります。次の集団は生徒に関係した教師と校長であり、学校に起こった損害について述べます。最後はソーシャルワーカーと警察官です。

ステップ4　問題の解決

　輪の全員が話し終わったとき、リーダーはそれぞれの集団（家族、学校、地域）の中の1名ずつに対して、自分の属している集団の考えを要約し、解決方法を述べるように要求します。リーダーはあり得る解決方法を検討し、集団に同意を求

めます。解決方法が決まったとき、リーダーは判断を確認し、犯行者への処置を詳しく説明します。できる限り、犯行者を共同体の中に戻し、学校の損害を修理・弁償し、学校の生徒や教師の信頼を回復するという結果を目指してください。

ステップ5　感想、意見の聴取

正義のサークルの活動が終わったとき、生徒たちにこの経験について話し、自分たちの役割を明らかにさせ、犯行者、被害者や彼らに近い役割を演じることによって犯罪行為に対する見方がどう変化したかを考える時間を与えなくてはなりません。正義のサークルという方法は、犯行者を心配する人々が意見を聞いてもらう機会を与えられない伝統的な裁判所において問題を解決するよりも、良い方法といえるでしょうか？この方法の長所と短所は何でしょうか？

事例研究演習

このような比較的単純な訓練は、もっと年齢の高い生徒たちに使われる事例研究方式に基礎を置くものですが、年齢の低い子どもたちに、普通は裁判所で解決されるような問題について調べる機会を与え、事件の重要な部分を取り出し、解決を試みることができるようにするものです。この訓練のために、誰かの個人の持ち物が勝手に触られ、権利が妨げられるといったクラスや学校で起こる場面を使うこともできるし、裁判所で扱われた事件や最近新聞で報道された事件を使うこともできます。また、クラスで学習した事に関係する事件を使ってもよいでしょう。4つの脚本または事件を選んで要約し、要約を書いたものをそれぞれ教室の異なる場所に4つの図と一緒に、次の表題をつけて貼り付けます。その表題とは、次の4つです。

1. 苦情または問題
2. 被害者の立場
3. 犯行者の立場
4. 判事の判断

クラスを4つの集団に分けて、それぞれを別の場所に行かせてください。それぞれの場所の集団は、脚本を読み、最初の図に必要事項を書き込みます。それから、集団は次の場所に移ります。脚本を読み、第二の図に必要事項を書き込みま

す。すべての図が書き込まれるまで、このローテーションは続けてください。それぞれの脚本の場所に来た最後の集団が、彼らが判断した事件について報告し、その結論についてクラスで議論することになります。それぞれの集団は事件に対して自分たちの見方があるので、意見は異なるでしょうし、それぞれの事件についての判断が適切かどうか、議論がされることになるでしょう。

第9章

社会研究における批判的思考による問題対応と決定

シェルビー・L・シェパード

> 法的概念は、今日のカリキュラムの多くの分野の内容に暗に含まれています。頻繁に、単に法的概念を私たちの子どもに認識させ、気づかせるだけのことであり、そうすることで、私たちは、彼らの理解の仕方を変えて、既存の科目の内容の理解を高めることができます。

　法教育において中心的なアイディアとなるのは、重要な法的概念と手続が、既存の科目の内容に適応され、まとめられる容易さです。子どもたちに法的概念や手続に気づかせる利益は二つあります。第一に、私たちは、「法的な」社会（法の支配の社会）に生きているのであり、これが何を意味するかに気づくことは、子どもたちの教育の重要な部分です。第二に、法的概念と手続に、子どもたちの注意を向けさせることで、既存のカリキュラムに興味深い新しいアプローチを加え、科目の内容に活気を与えることができます。ここで示される学習単元は、5年生のクラスで私が教えたもので、いかにして教師たちが既存のプログラムに重要な要素を加え、子どもたちの理解の仕方を変えることができるのかの一例に過ぎません。

背景的な情報

　ブリティッシュ・コロンビアの5年次の社会研究は、毛皮取引、金の採掘、そしてカナダ太平洋鉄道（C.P.R=Canada Pacific Railway）の建設を含む、いくつかの中心的で相互に関連しているカナダの歴史のテーマに焦点を当てています。この題材を取り扱う際、私は、キーラン・イーガンの『物語による教育（*Teaching As Story-Telling*）』（1987年）という本の提案に従っています。イーガンは、教師たちが、歴史的、地理的枠組みから学ぶ経験を提供することを提案しています。テー

マ間の関係は、子どもたちが科目の内容において「行為者」となり、カナダの歴史の経験を「生きる」ことで、子どもたちにとって意味あるものにできます。

　私のクラスでは、床から天井までのすべての壁を覆うクラスの掲示を変えることで各々のテーマが示され、理解が高まりました。この単元の掲示は、カナダの風土的な背景でした（図1を参照）。子どもたちは、（各々のテーマで）掲示が何を描くのかを決定し、地域をチョークで囲い、それにしるしと署名を書いて、特定の発表に対して責任があることを示しました。単元を通して、彼らは、「彼らの環境に生命を与える」よう取り組みました。テーマの最後には、掲示は、当該の状況についての子どもたちの見解の完全な描写になりました。さらに子どもたちは、歴史から登場人物を選び、実物大の肖像画を描き、（適切な時は）、その登場人物の名を語りました。肖像画は黒板の上に教室一帯に掲げられ、クラスを「見下ろしている」ようでした。いくつかの場合においては、子どものグループの全体がその実習のために単独の人物（クロウフット酋長、N.W.M.P.のスティール監査官など）になりきりました。

　そのテーマの精度は、教室をテーマと関連した文献、視聴覚教材（特別授業を参照）そして子どもたちによるプロジェクトで満たすことでさらに高まりました。加えて、子どもたちはテーマと関連する文献や文芸品を、彼らの家や地域から持ち寄りました。子どもの興味と高まる意識は、援助してくれる人の発見につながり、彼らを、プレゼンテーションや議論のためにクラスに招きました（たまたま歴史の「通」であった鉄道技師やテーマのプロジェクトのためにインタビューされた警察官など）。

　社会研究のテーマの実習は、「演技」のプレゼンテーションと、それにふさわしいウクレレで伴奏された歌を含みました（注記－子どもたちは頻繁に、創造的な作文の実習で、歌詞つきかそうでない作曲をしました）。そのプレゼンテーションは録画され、子どもたちによるコンピューターグラフィックで見出しを付けられました。そのプログラムは、（月曜日から木曜日までの）それぞれの朝の8時55分から始まり、10時15分の休み時間まで続きました。実習は、希望があれば他の時間にも実施されました。それぞれの日は、普通、「共有の読本」で開始されました。5つのグループから各々1人の子どもが、翌日に「共有すること」を買って出ましたが、それは、以下のものからの1つでした。(i) 教室にある関連した文献からの一節、(ii) 彼／彼女の前日の日誌、(iii) 家、あるいは公共の図書館から持ち込

まれたテーマと関連する文献。報告する子どもは、なぜ選んだかを説明することで彼／彼女の選択したものを紹介し、選んだものをグループに読み聞かし、その題材についての議論を主導しました。

この実習の別の方法は、グループのすべての子どもに同じ日誌を共有させることでした。その後、それぞれのグループは、クラス全体に発表する代表を選びました。このようにして、クラスは、書き方、彼らの仲間にアピールするような題材の領域についての理解を発展させました。言うまでもないですが、子どもの文章の質と独自性は、この種の実習によって大きく高められます。すべての子どもが参加することが期待されましたが、私たちのクラスでは、子どもたちが大変な熱意をもって参加したため、全員が「共有する」機会をもてるよう、ローテーションしました。

このような広いコンテクストで、法と関連する単元の「問題への対応」が実行されました。その単元の指針は、『カナダの建国（Canada: Building Our Nation）』の特に第9章「ブラックフットクロッシングでの問題への対応」というテクストに基づいた5年生の社会研究のプログラムによって示されています。これが歴史の単元でなされ得ることのサンプルであることは忘れられてはなりません。コースの必要性、そして利用できるテクストの題材に沿うように、言及されるテクストや出来事それ自体さえも教師によって変更されえます。

批判的思考と決定

私たちの「法的な」社会では、私たちは、私たちの指導者が、それを支える理由に基づく良い決定をするよう期待しています。「それ」より「これ」をすることが最良であると指導者が判断する理由はランダムに選ばれるわけではなく、何が最良であるかについての指導者の単なる個人的な見解でもありません。決定を支えるために指導者が与える理由は、熟慮と、特定の行為の肯定的、否定的な結果と、短期的、長期的な影響といったことについての考慮の結果です。彼らは、私たちが「批判的思考」と呼ぶ推論の行使に従事しています。

『カナダの建国』の「C.P.R. の建設」という章では、ブラックフットの酋長であるクロウフットは、重要な決定、すなわち、以前、保留地と明示されていたところへの鉄道のアクセスを認めるか否かを決定することを要求されていました。

もし彼が鉄道のアクセスを認めるならば生じるであろう利益と潜在的な問題双方に加えて、彼の民の中の対立する見解を考慮しなければならなかったので、その決定は容易なものではありませんでした。クロウフットの決定は、私の5年生の子どもたちが、彼の民に対する指導者の責任感を「経験し」、「問題に対応し」、決定をすることが何を意味するかを認識する非常にいい機会を提供します。

重要な要素は、以下のようなもののようです。

(1) 事柄を査定し、可能な選択肢を認識すること。
(2) 各々の選択肢の結果と影響を認識すること。
(3) 結果と影響を注意深く考量すること。
   そして、
(4) 決定を下し、それを支える理由をはっきりと述べること。

以下の授業は、子どもたちがこれらの要素に気づくのを助け、彼ら自身の選好を満足させること、仲間からのプレッシャー、世論、そしてしばしば誤解に基づくか不正確な情報に基づき決定を下す子どもたちの自然な傾向と対照させることが目指されています。

その単元は、目指された目標を実現するという点で、高い程度で成功しました。ロール・プレイを通じて子どもたちが法的概念や手続について気づいていくにつれ、彼らが、思慮深い決定を下すという登場人物の責任を理解し受け入れ始めたということが明らかになりました。意義深いことに、多くの子どもたちは、単元のコースの間、決定についての彼らの立場を何回か変えました。各々の立場の変化は、子どもの理解の、目に見える変化を表しています。元々の社会研究は、法に関係した要素が追加されることで何か失うということはありませんでした。むしろ、新しい授業は、それを、意義深いことに、より意味のあるものにし、歴史的な事象に対する子どもたちの理解に新たな次元を加えました。

その単元の間、そしてそのクラスが別の実習に移ったずっと後になっても、思慮深い、理由に基づく決定に至るための批判的思考の概念の教育的な価値は、明白でした。子どもたちは、クラスでの議論、作文の課題、そして彼らが教師たちや同級生たちに示した一種の批判的な質問において、彼らの新しい理解を示しました。明白に、「問題に対応すること」は、これらの子どもたちが彼らの世界を

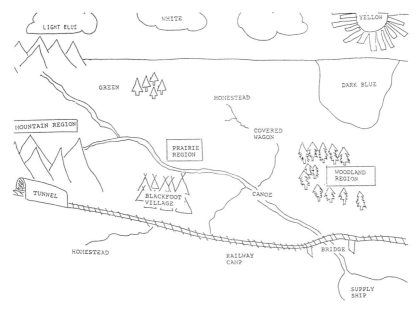

図1　クラスの掲示：C.P.R.の建設

見る見方、そして、私たちの社会の市民としての責任の引き受け方を転換するのに役に立ちました。

レッスン1　歴史的な状況

歴史的な状況

1. その出来事に関わっていたのは、以下の人たちです。ブラックフット族、クロウフット酋長、政府職員、鉄道整地員、アルバート・ラコーム神父、エドガー・デュードニィー（副総督）、ノース・ウェスト・マウンティド署の署員とアーヴァイン局長。
2. 紛争対決の場所と時間は、1883年5月の、フォート・カルガリーのそばのブラックフットクロッシング。

法と関係した概念

1. 1877年にクロウフット酋長によって署名された条約は、彼らのみの使用の

ために留保された土地への権利をブラックフットに与えました。カナダ政府は、保留地全体にわたって、道路を建設する権利を保持しました。
2．クロウフット酋長は、彼の民のために決定をする責任がありました。
3．ブラックフットとカナダ政府の間の条約は、法的文書でありました。
4．その条約は、双方の集団の約束を含んでいました。ブラックフットは、開拓者のための土地を放棄することに合意し、その見返りとして政府は、ブラックフットの人々のために食料を提供することを約束しました。

関連する読み物

『カナダの建国（*Canada: Building Our Nation*）』（Prentice-Hall）の第9章（か、あるいはあなたが選んだテキスト）

実　習

1．グループでその章を読み、以下の問題に対する答えを見つけます。
　グループ1－ブラックフットとはどういう人たちでどこに住んでいましたか。
　グループ2－その条約は何についてのものでしたか。どのような懸念をブラックフットたちはもっていましたか。また、政府の懸念はどのようなものでしたか。
　グループ3－調査員によってどのような問題が引き起こされましたか。クロウフット酋長は、何故懸念をいだいたのでしょうか。
　グループ4－ラコーム神父の役割は何でしたか。彼はどのような問題解決の方法を提案したのでしょうか。
　グループ5－その問題において、エドガー・デュードニィーとアーヴィン局長はどのような関心をもっていましたか。どのような提案を彼らはしましたか。
2．問題に答えるための、読み物についてのグループ・ディスカッション。
3．グループの代表が、彼らの実習の結果をクラスに発表します。
4．子どもたちは彼らが選んだ登場人物の役で日誌を書き、「クロウフット酋長の問題は何でしたか」という問題に答えます。

スキル

1. テキストから情報を探し出します。
2. 主要なアイディアを同定します。
3. 口頭のコミュニケーション——情報について議論します。
4. 決定をします——情報の統合。
5. コンセンサスに向かって働きかけます——グループ・プレゼンテーション。

レッスン2　問題

批判的思考

すべての問題には、少なくとも二つの選択肢があります。この事例では、クロウフット酋長は、C.P.R.を止めるか、あるいはブラックフットの土地での鉄道建設が続くのを許容するかのいずれかが可能です。それぞれの選択を支える良い理由があります。

法と関係した概念

1. クロウフット酋長には、保留地内での鉄道建設の許可を拒否する正統な（法的な）理由がありました——「条約」。
2. クロウフット酋長には、民のために決定する責任がありました。
3. カナダ政府は、条約で保留地内に道路を建設する権利を保持していました。
4. 政府とC.P.R.は、ブラックフットと交渉を通じて解決する責任がありました。

関連する読み物

1. レッスン1の「クロウフット酋長の問題」からの子どもたちの日誌。
2. 共通の読みもの——社会研究の読みもの。

図2 クラスの表のサンプル—クロウフットの選択

```
           問題：ブラックフットクロッシングでのC.P.R.
                  クロウフット酋長の選択

C.P.R.を止める                    C.P.R.に続けさせる
初期の考慮                         初期の考慮
条約の権利を支持する。             条約の権利を侵害する。
戦士が力／プライドを示す。         戦士が弱そうである。
汽車が火事を引き起こす。           汽車が食料の供給を運ぶ。
条約に同意した人々の義務。         人々は裏切られたと感じることも。
戦闘になる。                       建設中の争い。
人々を守る責任。                   人々のために供給する責任。
```

実　習

1．日誌の共通の読解——（レッスン1からの）「クロウフット酋長の問題」。
2．ボードにある表から始めます。「その問題」を論じます。どのような選択が可能で、各々の選択には、どのような理由があったでしょうか。
3．子どもたちは、クロウフット酋長の役で、日誌を書きます。——「私はこうすべきであると思う。……なぜなら……」。
4．クラスの表を掲示します——クロウフットの選択（図2を参照）

スキル

1．問題点を同定します。
2．代案を同定します。
3．異なった見解を採用する能力を涵養します。
4．選択／決定をします。
5．決定を支持する理由づけをします。

レッスン3　代替案

批判的思考

人々の価値観は、彼らの決定（選択）に影響を与えます。人々は異なった価値

体系をもっていますので、異なった選択をします。集団は同じ価値を共有し、同じ選択をするかもしれません。

法と関係した概念
1. クロウフット酋長は、条約によって認められていた権利をもっていたので、鉄道を止めることを選択できました。彼には、彼らの土地を守るために戦うことを恐れない多くの強い戦士たちがいました。
2. クロウフット酋長は、保留地内で建設することを C.P.R. に許可することも選択できました。このようにして彼は、争いを阻止し、彼の民への食料供給を保証することで、責任ある指導者として行動するでしょう。

実　習
1. 子どもたちは、「私はこうすると思う。……なぜなら……」というレッスン2からの彼らの日誌を読むことで彼らの最初の決定を共有します。
2. 先生の主導で、図2のクラスの表をグループで議論します。
3. 子どもたちは、彼ら自身の選択を再考し、彼らの選択の最も重要な理由を列挙するように言われます。結果を数えて掲示します。図3のクラスの表のサンプルを参照してください。
　　子どもたちの熟考から新しい理由が出てくるのに注目するのは興味深いことです。
4. 得点を示すのに使える図表の選択肢を検討します（算数の授業とも関連づけられます）。
　　(a) 絵グラフ
　　(b) 棒グラフ
　　(c) 折れ線グラフ
　　(d) 円グラフ
5. 各々の子どもは、双方の代替案のクラスの得票を表すグラフの種類を選び、描きます。

スキル
1. 異なった見解に語りかけます。

図3 クラスの表のサンプル―クラスの得票

C.P.R. に続けさせる		C.P.R. の作業員を止める	
理由	得票	理由	得票
1．条約を守る。	////	1．戦争とは英雄を意味する。	
2．ブラックフットは、より広い土地を獲得できる。	//	2．インディアンの権利を守る。	////////
3．新しい機会が生じる可能性。	//	3．大草原の火事の恐れ。	
4．ブラックフットのために働く。		4．独立する。	
5．友人を作る。		5．ブラックフットは自給できる。	
6．命を救う。	////	6．ブラックフットは、土地を「所有する」。	
7．食料と必需品が手に入る。	////////		
総計	20	総計	8

2．得票で反応を例示します。
3．情報をまとめ、順位を付けます。
4．情報をグラフ化します。

レッスン4　結果

批判的思考

　クロウフットが民のために責任ある決定を下せるようになる前に、彼は、各々の選択の結果の影響を考慮する必要がありました。

　➡　すべての選択には、それに伴う結果があります。
　➡　結果は、「もし私が……したら何が起こっていただろうか」、「もし私が……しなかったら何が起こっていただろうか」と言うことで考慮され得ます。

図4　クラスの表のサンプル―結果

もしクロウフット酋長が鉄道を止めたら何が起こったか。	もし彼が鉄道を通させていたら何が起こったか。
ブラックフットの戦士たちと鉄道員たちは、戦ったかもしれない。	列車が保留地に火事を引き起こしたかもしれない。
政府は、保留地に食料を送ることをやめたかもしれない。	列車が食料を運んだかもしれない。
開拓者は、他のどこかに行っていたかもしれない。	数多くの開拓者が到達していたかもしれない。
	政府は、より広い土地を提供していたかもしれない。

法と関係した概念

責任ある市民は、最終決定を下す前に代替の選択の結果について考慮します。

実 習

1. グラフを描くプロジェクトを集団で共有すること。クラス全体で考えをやりとりします。
2. クラスでの議論。ブレインストーミングの影響／二つの代替案の結果。
3. （役割上の）日誌――「私は、私の決定を変更します／しません、なぜなら……」。
4. 議論の結果を、結果のクラスの表（図4）に示し、ノートに記録します。
5. 各々の子どもは、グラフのプレゼンテーションのコピーを作ります。

スキル

1. 下書きの修正――批判的な分析とグループのフィードバックの後、追加と削除をします。
2. 結果についての仮説を立てます。
3. 結果について分析します。
4. 新しい見地を考慮した後、意見や選択を修正／変更します。
5. 自身の価値観を確かめ、確立します。
6. 熟考しながら作文します。

レッスン5　結果の類型

批判的思考
選択の結果は肯定的か否定的か、長期的か短期的かであり得ます。クロウフット酋長は、決定をする前に、すべての可能性を考慮する必要がありました。

法と関係した概念
1. 行為の結果は、人々、そして彼らが配慮する人々に影響します。
2. 結果は肯定的か（善い）否定的か（悪い）いずれかになり得ます。多くの選択は、肯定的かつ否定的な結果を伴います。
3. 結果は短期的か（直ちの）長期的か（後の／長い影響）でしょう。選択は、通常、長期的かつ短期的な結果をもちます。

実　習
1. クラスの議論――肯定的／否定的、長期的／短期的な結果の影響についてのブレインストーミングに基づく仮定。図の形態による表示――サンプル（図5）を参照。
2. 子どもたちは（役割上の）日誌をつけます。――「私の決定の（肯定的／否定的、長期的／短期的）結果」。
3. グループは、日誌を共有します。
4. 完成したグラフの共有――手続を議論します（図6，7，8を参照）
5. 法に関係した文献を共通に読みます。

スキル
1. 主要な考えを同定します。
2. 自身、そして他者への行為の影響を考慮します。
3. 「ジレンマ」を認識します。
4. 短期の肯定的な結果が、長期の否定的な結果をもちうることを認識します。
5. 価値を評価し、擁護します。

図5 クラスの表のサンプル―結果の類型

鉄道を止める	鉄道を通す
結果：	結果：
1．ブラックフットと鉄道員は戦うかもしれない。	1．鉄道が火事を引き起こすかもしれない。
（＋）勝って力を示すかもしれない。	（＋）政府の懸念。
（－）負けて多くが殺されるかもしれない。	（－）危機。
（s.t.）危険。	（s.t.）恐怖、心配。
（l.t.）ブラックフットは恐れられ、信頼されない。	（l.t.）コントロールする方法を見つける。
2．政府は食料を送るのをやめるかもしれない。	2．列車は食料を運ぶかもしれない。
（＋）自分たちで供給することを学ぶ。	（＋）より多く、早い食料。
（－）多くが餓死するかもしれない。	（－）列車に依存するようになる。
（s.t.）飢餓や餓死の危険。	（s.t.）問題が解決される。
（l.t.）食料のために土地をあきらめなければならないかもしれない。	（l.t.）新しい文化を創る。
3．開拓者は他に行くかもしれない。	3．より多くの開拓者が到達する。
（＋）土地への脅威がない。	（＋）より多くの土地の可能性。
（－）政府がブラックフットへの関心をなくすかもしれない。	（－）人口過多や紛争。
（s.t.）問題を解決する。	（s.t.）困難。
（l.t.）より多くの問題を生み出す。	（l.t.）ブラックフットの利益になる。
結果への鍵	
（＋）肯定的	（s.t.）短期的
（－）否定的	（l.t.）長期的

188　第9章　社会研究における批判的思考による問題対応と決定

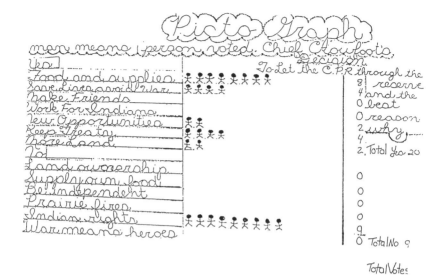

図6　絵グラフのサンプル

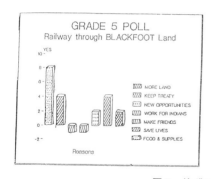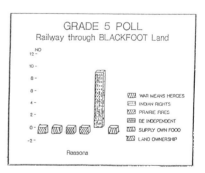

図7　棒グラフのサンプル

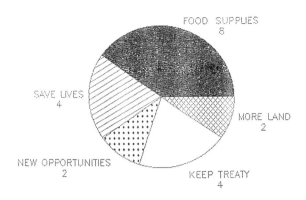

図8　円グラフのサンプル

レッスン6　総括的な展望

批判的思考

　決定が正しいか間違っているかのいずれかであるのは稀なことです。選択には通常、対案があります。各々の対案には、長期的、短期的な影響とともに、肯定的、否定的な結果があります。クロウフット酋長は、人々のための責任ある決定をするために、「総括的な展望」を考慮する必要があります。

法と関係した概念

1. 責任ある決定は、代替案と結果についての論理的な考慮を要求します。
2. 書かれた決定や「判断」は、その事柄、対案、そしてそれぞれの対案の結果や影響を記述します。

実　習

1. 教師に主導された議論と「思考地図」——事柄の「総括的な展望」を例示

190　第9章　社会研究における批判的思考による問題対応と決定

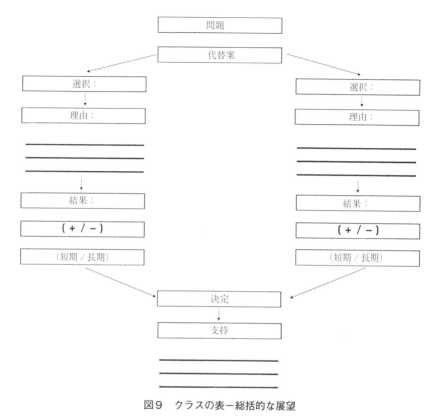

図9　クラスの表－総括的な展望

するためのクラスの表（図9）。

2．個々の「決定のフォーマット」について論じます。──クラスの配布物（図10）。

3．子どもたちは、クロウフット酋長の決定ための各自のフォーマットを完成させます。

4．それぞれの子どもは、(クロウフット酋長の役で)、彼らの書面の判断の下書きを書きます。

スキル

1．決定のための情報を集めます。

2．ノートを取ります。

問題_____

選択 #1 _____	選択 #2 _____
理由 #1	理由 #2
_____	_____
_____	_____
_____	_____
結果 #1	結果 #2
肯定的 _____	肯定的 _____
否定的 _____	否定的 _____
短期的 _____	短期的 _____
長期的 _____	長期的 _____

決定／"判断" _____
支持／正当化 _____
_____
_____

図10　クラスの配布物、「総括的な展望」－決定のフォーマット

3．論理的な思考を増進させます。
4．議論を書きます。
5．立場を擁護します。
6．判断を書きます。

レッスン7　それで？

批判的思考

クロウフット酋長は、彼の民のために責任ある決定をすることを委任されている指導者でした。指導者の地位にある人々は、定期的に決定をしなければなりません。

法と関係した概念

1．決定は指導者の責任です。
2．集団指導者、経営者、両親、地域社会のリーダー、政治家、そして法執行機関の職員は、責任ある決定をしなければなりません。

実 習

1. 適切な場合に、判断の下書きをグループによって批判し、周りの意見を聞きます。
2. 個人の実習――責任ある決定を要求するリーダーシップの立場をブレインストーミングします。
3. リーダーシップの地位をグループで共有するか、クラスでリストを作ります。
4. 「リーダー」を選んでインタビューします。
5. 適切なインタビューの質問について議論します。
6. 判断を修正し、プレゼンテーションのためのものを用意します。

スキル

1. リーダーシップの地位を評価します。
2. 質問をします。
3. 他者を尊重します。
4. 批判を構築します――批判したり、批判されたりします。
5. 情報を集約します。

レッスン8　種族の会議

法と関係した概念

クロウフト酋長は、彼の種族会議に、彼の判断を提示しました。これは、ブラックフットの「法廷」です。私たちの文化では、裁判官が決定をし、私たちの法廷に提示します。

実 習

1. 最終的な決定をグループで共有します。次の授業（レッスン9）のために、「会議の炎の周りに座る」代表を選びます。
2. 土着の人々の権利に関連する最近の判決（例えば、土地の請求）について議論します。子どもたちが調べます――新聞の記事を切り取ったりなどします。

3．個々の調査の選択肢
    (a) 最も近い法廷はどこにありますか。
    (b) 法廷で働いているのは誰ですか。彼らの仕事は何ですか。
    (c) 裁判所では、どのような事柄が決定されますか。
    (d) 地方裁判所、最高裁判所、控訴裁判所とはどういう意味ですか。
4．日誌：「今日、法廷について私が知った／驚いたこと」。

スキル
1．皆の前で話します。
2．情報を見つけます。
3．意見を表明します。
4．価値の判断をします。
5．価値判断を擁護します。

レッスン9　決定を下す

法と関係した概念
　指導者としてクロウフット酋長は彼の民と種族の長老に尊敬されています。この尊敬は、彼らの、彼の決定を受け入れるという意思に反映されています。指導者たちは、敬意の価値がある存在となることで、彼らの地位を保持しなければなりません。

実　習
1．子どもの参加者たちは、「会議の炎」の周りに集まります。それぞれのグループの代表者たちは、（役柄により）、彼らの決定を提示します。注記：この実習には、衣装や小道具が加わり、録画されてもよいでしょう。
2．クラスの公開討論――単元のためのフィードバックをします。「私たちは何を学んだのか」、子ども個人が関心をもつ領域。
3．「法廷」について調べたそれぞれの発見につき、議論します。

スキル

1. 自己評価をします。
2. 目標の設定をします。
3. 皆の前で話します。
4. 聴衆の参加者として敬意を示します。

レッスン10　指導者の責任

批判的思考

より多くの人々が関わることによって、指導者の責任も大きくなります。異なった人々は、異なった価値と異なった見解をもちます。指導者がより多くの人々に対して責任をもつようになると、責任ある決定を下す困難も、より大きくなります。

実　習

1. 指導者たちとのインタビューについて議論します。──個々のプレゼンテーション。「指導者をクラスに呼ぶことを計画しなさい」。
2. どのような指導者の役がいいか選びます。
3. 子どもたちは日誌をつけます。「(指導者の役)として、私は……に責任があります。私が対応したいことは……です。(指導者の役)として、私は……をしたいです」。

スキル

1. 異なった観点から作文します。
2. ロール・プレイをします。
3. 一つの状況で学んだことを別の状況に適用します。

第10章

法科学を通した法の探究

アラン・マッキンノン&ピーター・ウィリアムス

> 本章では、多くの教科の範囲と学校での経験を結びつけた犯罪捜査に関する法科学のテーマ学習を扱います。

　おそらく、小学校高学年の子どもたちは、犯罪に関するテレビ番組をたくさん見ているので、本章の活動は、子どもたちの関心を引きつけるでしょう。法科学は、何が起きて、誰に責任があるのかの結論を導き出し、事件の真相を明らかにするために、子どもたちが、犯行現場を調べ、証拠を集め、実験を行う機会を提供します。もちろん証拠により、容疑者の特定、公訴の提起、補強証拠の発見および事件の法的解決へとつながっていきます。これらの点はすべて、刑法にとって重要な側面であり、小学校高学年の子どもたちの関心を引き寄せる重要な側面です。ここで紹介される教室での活動は、理科や、人文学、美術、そして工芸など、多くの教科の領域を結びつけます。もちろん、活動の中には、実際に小学校低学年や中学校向けに変更可能と思われるプログラムもありますが、活動と指導の学習法は、小学校高学年向けに考案されたものです。

　理科に関する学習活動には以下の内容が含まれます。

- ➡ 捜査の科学
- ➡ 物質の特性と性質
- ➡ 分類と識別の方法

人文学に関する学習活動には以下の内容が含まれます。

- ➡ 「犯罪捜査の科学」の実験
- ➡ 証拠の解明
- ➡ ある立場を支持するための情報の収集と検証
- ➡ 批判的思考力の応用

➡ 訴えと告訴に対して十分な支持があるかどうかの判断

美術や工芸に関する学習活動には以下の内容が含まれます。
➡ 多くのプロの専門家の役割の実演
➡ インタビューとレポート
➡ 法律文書の用意と精査
➡ 模擬裁判での事件の用意と事件の弁護
➡ 法的な争点に関する判断とその支持

　この犯罪捜査に関するテーマ学習は、協調学習（cooperative learning）計画を念頭に置いて計画されています。子どもたちは、4、5人から成る「クラス内の捜査グループ」で活動し、それぞれ科学捜査についての異なる能力や専門知識を習得します。そして、そのグループが解決すべき模擬事件に立ち向かう際に、グループのメンバーたちは、罪を犯した者に有罪を言い渡し、または被告人の無実を証明するために、指紋、少量の毛髪や繊維、インク試料といった、そのすべてが陪審員に提示される証拠を収集したり、解析したりするための専門知識をもちよります。そして何より、子どもたちも、教師も、みんなこのテーマ研究を最初から最後まで楽しめるでしょう。というのも、本章での活動は満足のいく幕開けとなるでしょうから（そこから、あなたの想像は、楽しくて、魅力的な伸展を見せるでしょう）。

　生徒が生徒に教える？それは聞こえる通りに難しく、しかし容易なことでもあります。時代が変わりつつあるこのごろでは、教師たちは、探求という有意義で、適切な文脈において、教科を教えることを望んでいます。そうした目標の達成にとって有益な現実的方法の一つが、協調学習を用いることです。協調とは、共通のゴールをめざして、一緒に作業することを意味します。協同学習が、単に子どもたちをグループに分けて、自分たちで学習することを期待するだけにとどまらないのは明らかでしょう。協調学習は、**高度に体系化されており**、子どもたちが、グループの中で、効率的に学ぶために<u>ソーシャル・スキル</u>を修得しなければならないという**基本原則を有しています**。つまり、彼らは、明瞭に、予め限定された予測をもたなければならず、動機づけられなければならず、そして相互に頼り合わなければならないのです。

協調学習計画の１つにジグソーイング（jigsawing）と呼ばれるものがあります。その言葉が示唆するように、ジグソーイングでは、すべてのパズルのピースをあわせて一つの絵を作ります。ジグソーの基本パターンには、さまざまなバリエーションがあります。エリオット・アロンソンによって考案された基本的なジグソーでは、チームの中の子どもたち一人ひとりが、学習ユニットの一つの領域を専門にし、その領域を専門とする、他のグループの生徒たちと合流して、「エキスパート・グループ」において道具に熟達し、それから、さまざまな専門性が共有されている「出身グループ」に戻るのです。犯罪捜査における法科学テーマ学習は、多彩な基本的なジグソーのテクニックを用いた協調学習計画なのです。

テーマ学習のロジスティックス（後方支援）

以下は、テーマ学習をどのように用意するかの一例です。

ある犯罪がまさにあなたの学校で行われようとしています。事件と登場人物を描いた犯行現場のサンプルを、本章の末尾に提供しています。このバージョンをあなたの学級や学校の関心または必要性に合わせて改作してもかまいません。サンプルの犯罪は、6人の教師と校長を含む学校の教職員が必要で、現場を用意し、犯罪への関与者を見極める際に、彼らの協力が必要となります。備品と原材料の見本が、本章の「備品リストと活動用資料」の節の最後に、コピーと割り振りの指示とともに掲載してあります。以下は、ユニットを形づくる1日ごとの活動の説明書です。

1日目
子どもたちが探偵になる
1　クラスを4つのグループに分けてください。
2　4つのグループが、それぞれ「探偵社」になります。
3　生徒たちが、その探偵社に名前をつけたり、ロゴを作ったりして看板や名刺につけるのも良いかもしれません。

探偵たちが専門分野を選ぶ
4　グループのメンバーが、それぞれ次のエキスパートのいずれかになりま

す。
  a）指紋採取：指紋の採取を行います。
  b）化学捜査：ミステリー・パウダーを特定したり、ペンの銘柄やキャンディの種類を識別するための、ろ紙クロマトグラフィを使ったりします。
  c）顕微鏡分析：繊維、髪または破片の分析を行います。
  d）足跡分析：土の分析、足跡の照会および特定を行います。
5　事件を解決するために、こうした専門とする領域の知識を、どのように使えば良いのか、ブレインストーミングしてください。

2日目
専門家が専門家になる
1　生徒たちはエキスパート・グループに合流します（たとえば、すべての指紋採取のエキスパートが一堂に会したりします）。
2　「エキスパート・グループの活動」の授業を一緒に受けるため、それぞれのエキスパート・グループにはプリント（本章の「備品リストと活動用資料」の節に掲載）が配布されます。
3　それぞれのエキスパート・グループのメンバーの一人が、そのグループの他のメンバーたちに、レッスン１に書かれている手順を読み聞かせます。
4　エキスパート・グループが、どのような活動が必要で、どのように進めていくのか議論します。
5　エキスパート・グループが、レッスン１を完了します。

3日目
専門家たちの活動が続く
1　エキスパート・グループが、レッスン２を完了します。
2　エキスパート・グループが、クラスで自分たちの専門知識を教えるための授業計画を準備します。
3　エキスパート・グループが、必要なもののリストを準備します。

4日目
エキスパートたちがクラスで教える
1　エキスパートたちは、教える際に使う備品を用意します。
2　エキスパートたちは、専門知識をクラスで教えます（持ち時間はそれぞれ10～15分）。

教師の準備
犯罪の筋書き、犯行現場
1　「犯罪のストーリー」を用意してください（「ロジャー・ラビットを殺したのはだれか？」を使っても構いません――「備品リストと活動用資料」の節を参照）。そのストーリーは本書以外の資料、別のクラスの生徒たち、あるいは教師たちのブレインストーミングを元に作っても構いません。
2　犯罪現場に4つの領域のエキスパートの分析を必要とする「証拠」を確保してください。
3　犯罪のストーリーの「容疑者」を指定してください。できれば、容疑者たちに犯行現場のセッティングの手伝いを頼んでください（探偵による取調べの間、ストーリーの中の自らの役割を思い出すときに役立つでしょう）。
4　犯行現場を用意してください。注意：生徒たちを、犯罪のストーリーに触れさせないようにしてください。ポイントは、生徒たちに、容疑者の取調べと犯行現場で自分たちが発見する証拠の分析によって、何が「実際に」起こったのかを推測させることです。
5　生徒たちに、容疑者のリストと一緒に、「犯罪」をどのように提示するかを決めてください。以下は、あるクラスで、生徒たちに、どのように犯罪と容疑者のリストを提示したかの一例です。

　　生徒たちは、（教師たちによって用意された、あるいは他の生徒たちでもできるでしょう）犯罪（ロジャー・ラビットの殺人）のニュース番組のビデオを見せられました。ビデオでは、学校の用務員さん（現場の第1発見者）がインタビューを受けました。その用務員さんは、殺人の犯行時刻前後の学校での出来事を思い出す過程で、容疑者の名前をあげていきます。用務員さんへのインタビューの後、ニュース番組は犯行現場の「映像」を見せます。

5日目
専門家が犯罪の現場に赴く
1. 生徒たちは「犯罪」と容疑者のリストを提示されます（探偵社の数と同じ人数の容疑者がいます）。
2. エキスパートたちは、現場に赴いたエキスパートへの指示の優先順位と一緒に、犯行現場で証拠収集に取り掛かる方法を決めます。
3. エキスパート・グループは、犯行現場に赴き、自分たちの専門知識に関係した証拠を収集します。エキスパートたちは、他の証拠を損なわないように注意しなければなりません。

6日目
証拠の分析
1. エキスパート・グループは、エキスパートの作業グループのレッスン1と2で用いたのと同じ手順を使って、専門知識を駆使して犯行現場で集めた証拠を分析します。
2. エキスパートは、それぞれ自分の探偵社に情報を提供できるように、エキスパートの分析（データ）の結果と一緒に、エキスパート・グループが集めた証拠について書き留めておきます。

7日目
探偵たちが仮説を立てる
1. エキスパートたちは、各自の探偵社に戻ります。
2. エキスパートたちは、探偵社に犯行現場で集めた証拠とエキスパートによる専門的な分析の結果の両方を提出します。一人が書記を務めます。
3. 教師たちは、それぞれの探偵社に、事情聴取する一人の容疑者を割り当てます。
4. 聴取に先立ち、探偵社は、適当な内容の質問を考え出すために、事件のありえるシナリオについてブレインストーミングし、仮説を立てます。
5. 生徒たちは、次のリストを作ります：
    a. 取調べの間に容疑者に尋ねる質問
    b. さらなる証拠を得るために捜査したい場所（容疑者の教室、犯行現場の周辺

8日目
探偵たちが容疑者を取り調べる
1　容疑者への取調べの後に、それぞれの探偵社は、取調べで得た情報をクラスに報告しに帰るように、生徒たちに伝えてください。
2　「疑わしかったり、興味深かったりする」ことを書きとめるのと一緒に、質疑応答を正確に詳しく書きとめる重要性を伝えて下さい。
3　それぞれの探偵社が、容疑者を取り調べ、その都度、適切と思われる質問を、予め自ら用意した質問と一緒に投げかけます。
4　それぞれの探偵社が、容疑者の教室および／または犯罪に関係するその他の場所を調べ、そこで得た情報を記録しても構いません。
5　それぞれの探偵社は、クラスに、容疑者の取調べで得た情報を提出します。

9日目
探偵社員が警察官と裁判官になる
［このステージでは、生徒たちは役割を変える必要があります。二人の生徒が警察官になり、法廷内の廷吏も務めます。二人の生徒が、検事もしくは検察団として務める弁護士になります。二人の生徒が被告人の弁護人になります。一人が裁判官となり、もう一人が裁判所書記官となります。それぞれのエキスパート・グループの代表者が専門的な証人となります。事件関係者（教師たちや校長）は、法廷で証言してもらう場合があります。残りの生徒たち12名は、陪審員を務めなければなりません。残りの生徒たちには、たとえば法廷レポーター、ジャーナリスト、カメラマン、あるいは法廷画家などを割り当てることもできるでしょう。］
1　警察官に指名された二人の生徒は、4つの探偵社のメンバーにインタビューし、有力な容疑者のリストを作ります。二人は、誰を告発するかを決めて、最有力の容疑者を逮捕します。
2　警察官は告発したことを検察官と検察事務官に知らせ、証拠を被告人に開示します。
3　被告人は、事件の弁護のために弁護士とそのアシスタントを雇います。

4　検察官と検察事務官はそれぞれのエキスパート集団の代表者やその他の証人を聴取し、事件を解明していきます。彼らは、起訴を裏付けるために誰を証人に呼ぶか決め、公判期日に出廷するように、選ばれた証人に召喚状を送ります。

5　弁護人は、探偵や専門家、そして証人に聴取し、依頼人が無罪であることを証明する論拠を組み立てます。弁護人は、弁護のために誰を召喚するのかを決め、公判期日に出廷するように、選ばれた証人に召喚状を送ります。

10日目

法廷へ行く：模擬裁判

1　教室を法廷のように模様替えしたり、あるいは本当の法廷を模擬裁判に借りたりしてもかまいません（本章の「備品リストと活動用資料」の節の末尾「公判進行」を参照）。教師たちが、他クラスを進行の見学に招待したり、裁判官や法律家が着る法衣をあつらえたりするのも良いでしょう。廷吏が制服を着るのも同様です。

2　裁判所書記官は裁判の始まりを告げ、裁判官を呼びます。

3　裁判官は、検察官と弁護人の冒頭陳述（3分間の犯罪事実に関する説明と被告人が有罪あるいは無罪である理由の提示）を求めます。

4　次に、検察側が証人を呼びます。検察官は、それぞれの証人に、犯行当時何が起こったのかを明らかにするために尋問をします。検察側の尋問終了後、弁護側には、検察側の証人にそれぞれ反対尋問を行う機会があります。

5　検察側の証人尋問の終了時に、弁護側は、検察側が依頼人に対して合理的な主張をしているか否かを判断し、弁護を続けるべきか否かを判断することができます。続けると決めた場合、弁護人は、弁護側の証人に証言台に立つように求めて質問をし、その後、検察側は、弁護側の証人に反対尋問を行うことができます。弁護側は、被告人に証言するように求めると、検察官の反対尋問にもさらされることになるので、証言を求めなくてもかまいません。

6　すべての証人が証言し終えたら、検察側と弁護側は陪審員に簡潔な理由説明を行います。

7　裁判官は陪審員に法律に関する説明をします。裁判官は、陪審員に、第1級殺人罪の構成要件が何で、何に基づいて結論を下さなければならないかを

説示します。
8 陪審員の仕事は、証言によって提示された事実の強度に基づいて、被告人が、起訴されている事件に関与したか否かを判断することです。陪審員は、全会一致で評決に至らなければなりません。評議を終えたら（評議はクラスの残りの出席者の面前で行われるべきでしょう）、陪審員は法廷に戻り、自分たちの評決を言い渡します。
9 裁判官は無罪を告げて被告人の釈放を命じるか、有罪を告げて法律に従って刑を言い渡します。

備品リストと活動用資料

エキスパート・グループの活動用備品リスト

備品チェックリスト
各レッスン用の備品

エキスパート・グループのレッスン：	各レッスン用の印刷物をコピーし、エキスパート・グループに配布してください 指紋－レッスン＃1とレッスン＃2 指紋－データ記録チャート 化学捜査－レッスン＃1とレッスン＃2 化学捜査－データ記録チャート 顕微鏡分析－レッスン＃1とレッスン＃2 顕微鏡分析－データ記録チャート 足跡分析－レッスン＃1とレッスン＃2 足跡分析－データ記録チャート
活動用資料：	参加する教師や校長へのコピー 犯罪ストーリー「ロジャー・ラビットを殺したのはだれか？」 容疑者と手掛かり 殺害現場 参加者への手紙 公判進行

備品チェックリスト
☐白い紙　　　　　　　　　☐解剖顕微鏡

第10章 法科学を通した法の探究

- □黄色い紙
- □黒い紙
- □フィルター・ペーパー
- □pH試験紙
- □クロマトグラフィ用紙
  （またはフィルター・ペーパー）
- □砂糖
- □塩
- □コーンスターチ
- □重曹
- □タルカムパウダー
- □焼き石こう
- □洗濯バサミ
- □ろうそく
- □ろうそくたて（蓋つき）
- □シミのついたJ－クロス
- □二つ折りマッチ
- □ガムの包み紙
- □ヨウ素液
- □試験管
- □試験管立て
- □ルーペまたは虫眼鏡
- □顕微鏡
- □じょうご
- □ペーパークリップ
- □鉛筆
- □セロテープ
- □毛先の柔らかいペンキブラシ
- □指紋パッド
- □万年筆といろいろな種類の水溶性黒色ペン
- □水
- □食用酢
- □アンモニア
- □スズ箔
- □鉛筆となまりの粉
- □黒鉛微粉末
- □ヘアスプレー
- □いろいろな布片サンプル
- □ウールとシルクのスカーフからとった繊維
- □落ちていた毛髪と引き抜いた毛髪のサンプル
- □ラムネ、チョコレート、リコリスなどカラーコーティングされたお菓子
- □ポテトチップス
- □顕微鏡用スライドとカバーガラス
- □ブラックライト（ウルトラバイオレットランプ）
- □異なる場所から集められたたくさんの種類の土

それぞれのレッスンのための備品：活動の進展に応じて教師が集めてください。

指　紋

レッスン1　指紋の分類、特定および照合
備　品

指紋　205

□ 鉛筆	□ 白い紙
□ セロハンテープ	□ 指紋パッド
□ 黄色い紙	□ ルーペ

背景的な情報

指紋は、全体的な形状とうねりの特徴で分類し、特定することができます。犯罪を実行した者を特定しようとするとき、同じ指紋をもつ者は二人とおらず、また、現場の指紋は、犯罪を行ったと疑われる者の指紋と照合できるので、警察は指紋をあてにします。

蹄状　　渦状　　弓状

分　類

すべての指紋は３つの類型に分けることができます：

蹄状紋（60-65％）　蹄状紋は、右か左から始まります。二重蹄状は、相互に向きが違うカールの２つの蹄状（右と左）をもっています。

渦状紋（30-35％）　指紋は中央に完全な円をもっています。

弓状紋（５％）　中心付近にきれいな弓型を描きます。つまり、線が弓のような形をしています。

自分のクラスが、この分類を反映していることを確認してください。

手　順：

➡ 鉛筆で白い用紙の一部を黒く塗ってください。

➡ 指先が鉛筆の芯で黒くなるまで、鉛筆の跡を左の人指し指先でこすってください。

➡ その指をセロハンテープの上に置いてください。

➡ テープをはがして、それを黄色い紙のシートに貼り付けてください。
➡ ルーペを使って指紋のパターンを調べ、図中のサンプルと比較してください。
➡ 指紋の下にそれがどのタイプか、蹄状なら「L」、渦状なら「W」、弓状なら「A」と記入してください。もし、二つ以上のタイプが混ざっていると思われる場合は、混合型をとして「C」と記入してください。

エキスパート・グループのすべての生徒たちの指紋を示した図表をつくってください。

指紋タイプ	グループ内の人数	グループ内の比率
蹄状		
渦状		
弓状		
混合		

特 定

同じ人の手でさえ指紋は同じではなく、人を特定する手段として使うことができるのです。

手 順：

➡ 黄色い紙のシートの上に左手の輪郭を描いて下さい。
➡ 左手のそれぞれの指についてパート1の1から4の手順を繰り返してください。
➡ 指の輪郭の正しい箇所にテープを置いてください。そして、それぞれ指紋を確認して、貼ってください。
➡ 指紋のうちの一つのコピーを追加で作り、紙の下方に置いてください。
➡ 紙をパートナーと交換し、追加で作成された指紋が、どの指のものかを特定してみてください。

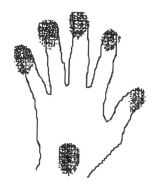

照合

スタンプ台を使って作業をすれば、汚れますが、警察が用いる方法により近くなります。似ている指紋をもつ他の生徒を探すチャレンジを経た後には、多くの生徒たちが、二つとして本当にそっくりな指紋はないということに気がつきます。

手順：

➡ 示されたものと似ている指紋記録カードを作成してください。

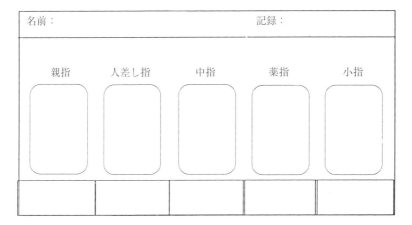

➡ パートナーに、インク台の上に指を押し付け、その後、インクの付いた指をカードのスペースに押し付けるように頼んでください（判別可能な指紋がとれるようになるまでこの技術を練習する必要があるでしょう）。
➡ 右手のそれぞれの指でこの方法を繰り返してください。
➡ ルーペを使ってそれぞれの指紋を調べ、パート１にある指紋の型を特定してください。その情報をカードに記入してください。
➡ 自分の指紋と似た指紋をもつ他の人を見つけてください。

レッスン２　指紋の採取と発見
指紋の採取
備　品

```
□タルカムパウダー      □ペーパークリップ
□鉛筆となまりの粉      □白い紙
□黒鉛微粉末            □黒い紙
□セロテープ            □ポテトチップス
□毛先の柔らかいペンキブラシ
```

背景的な情報

不顕性の指紋は、あらゆる表面から発見され、採取され、特定に使われます。不顕性（latent（「潜んでいる（lie hiden）」を意味するラテン語に由来する））の指紋は、油、アミノ酸および塩が表面に付着した指や親指のうねりの模様でできています。一般的に、捜査は、いつも犯行現場で不顕性指紋を見つけることを目的に行われます。この活動では、不顕性指紋を、カラーパウダーを用いて発見します。このパウダーは指紋の油に付着します。色の選択は表面の色とのコントラストで選択しなければなりません。油の中のアミノ酸や塩との化学反応を頼りに、不顕性指紋を発見する化学的な方法もあります。

指紋の発見

暗い面には白い粉を使ってください。明るい面には黒い粉を使ってください。

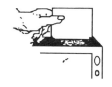 

手　順：

➡ 指を油の付いた状態にするために髪の間を指ですべらせてください（あるいは、ポテトチップスを2，3枚つかんでください）。指を平らでなめらかな表面に押し付けてください。

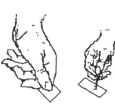 

➡ 指紋を対照的な色の粉でまぶしてください——暗い面には白いタルカムパウダーを、明るい面には黒鉛筆の粉または黒鉛微粉末を。

➡ 指紋の上の粉をごく軽く払ってください。指紋が浮かんできたら、それをうねりの方向に掻き撫でて下さい。

➡ 指紋が完全に発見できたら、セロテープの一部を指紋に押し付けてください。

➡ 指紋の上に強く押し付けてペーパークリップか指の爪で上手につかんでください。

➡ 注意深くセロハンテープをはがして、対照的な色の紙に貼り付けてください。

➡ 最初の活動で作られた指紋の記録に照らして、その指紋を確認してください。

採取の練習

エキスパート・グループの誰かが、対象物につけた自分の指紋を見つけ、確実に特定できるか挑戦してみてください。自分の所属する「探偵グループ」に戻ったとき、グループのメンバーが指紋のエキスパートとして、あなたを頼れるようにするため、「払い」と「採取」のテクニックを練習してください。

化学捜査

レッスン1　ミステリー・パウダー

備　品

□砂糖	□スズ箔
□塩	□黒い紙
□コーンスターチ	□洗濯バサミ
□重曹	□ろうそく
□焼き石こう	□ろうそく立て（蓋つき）
□食用酢	□ルーペ
□ヨウ素液	□水

背景的な情報

適切な試験にかけられれば、それぞれの白い粉は特定できる特徴をもっています。これらの粉のうち、物理的方法（たとえば、溶けるかどうか観察するために加熱すること、〔砂糖や塩の〕結晶を観察すること、あるいは、黒い紙の上でその「粉末の状態」を比較すること）によって特定できるものがあります。他の粉は化学的方法によって特定することができます（つまり、それらと、食用酢、ヨウ素液および水といったものとの反応を観察するのです）。犯行現場で発見されたものから、個人を特定することができれば、被告人の有罪の見込みが高まります。

粉の特徴

手　順：

➡ 食用酢を1滴それぞれの粉の小サンプルに加え、結果を図表に記録してください。

➡ ヨウ素液を1滴それぞれの粉の小サンプルに加え、結果を図表に記録してください。

➡ 少量の水（1、2滴）をそれぞれの粉に加え、結果を図表に記録してください。

➡ 少量のそれぞれの粉を黒い紙の上におき、ルーペで観測してください。結果を図表に記録してください。

↓粉、試験→	食用酢	ヨウ素液	水	黒い紙	加熱
砂糖					
塩					
重曹					
スターチ					
焼き石こう					

少量の粉を、それぞれスズ箔のカップに包んで（洗濯バサミを使いながら）加熱してください。

安全上の注意：
長い髪を束ねて、大きめのシャツやセーターの袖をまくっているか確認してください。

図表に結果を記録してください。

謎の混合物（Mistery Mixtures）の調合

手　順：

- ➡ 2つ以上の粉を少量混ぜ合わせて「謎の混合物（Mystery Mixture）」をつくってください。
- ➡ 「謎の混合物」を二等分してください。
- ➡ （混ざった粉を正しく特定するのに）必要なすべてのテストがうまくできるか確かめるために片方は自分でテストしてください。
- ➡ たとえば、ヨウ素液が一滴加えられたとき、謎の混合物の中にスターチをいくらか入れたなら、混合物は青か黒に変色します。
- ➡ ここで、もう半分の謎の混合物を、自分のエキスパート・グループの別の生徒に与え、彼または彼女が、その中にある粉を特定できるかどうかを確認してください。
- ➡ 自分の謎の混合物について解答が出たら、適切な証拠が示されているかを確認してください。自分の捜査を整理するのに役立つ図表を使ってください。

謎の混合物	
含まれていると考えられうる粉	観察と結論
砂糖	
塩	
重曹	
スターチ	
焼き石こう	

レッスン2　ろ紙クロマトグラフィ

備　品

212   第10章　法科学を通した法の探究

> □ ろ紙クロマトグラフィ（あるいはフィルター・ペーパー）
> □ 万年筆といろいろな種類の水溶性黒色ペン
> □ カラーコーティングされたお菓子各種：スマーティーズ、M&M's、リコリスなど

背景的な情報

　ろ紙クロマトグラフィは、インク（あるいは他の混合物）の分子が異なる大きさ、電荷、溶解度などをもっているので、それらが溶媒によって（ここでは水）紙片に沿って展開されるとき、それらは異なるスピードで伝わるという事実に基づいています。たとえば、黒インクは、いくつかの色を含んでいます。黒で書かれた文字の上を水が流れるとき、それらの中の一つひとつの色の分子が異なる反応をして、一種の「レインボー」効果のような結果を引き起こします。化学捜査官が、特定の薬品が犯行現場にあって、それと同じ薬品が容疑者から発見されたことを証明できるなら、その人物が有罪である見込みが高まります。それは、犯行時刻や、文書が本物か偽造かを判断することに役立つこともあります。

黒インクの分離

手　順：

　➡ 紙の上で異なるペンの書き味を試してみてください。

　➡ マーカーごとに一枚の細長紙片の割合で、フィルター・ペーパーを切り分けてください。

　➡ それぞれの細長紙片の下部あたりにインクを一滴落としてください。どの細長紙片がどのペンのものかを確実に特定しておいてください。細長紙片の端、ちょうどインクをつけた下あたりを、水の入った容器に浸してください。インクのついた箇所は、水の上にあるが、用紙は水の中に浸されていることを確かめてください。

　➡ 細長紙片に水を吸収させて、インクのついた箇所に何が起こるか観察してください。すべての細長紙片について済ませたら、それぞれの細長紙片を比較してください。結果が一貫したものかどうか判断するために実験を繰り返してください。

　➡ 細長紙片を乾かし、さまざまなペンに関する記録として本に貼りつけて

おいてください。

偽造を疑う
手　順：

➡ 二つの同じ文章を、万年筆を使って書いてください。

➡ 「博士」役のために、水溶性の黒インクのペンを使って少しだけ変更を加えてください。

➡ 捜査官（あなたのエキスパート・グループの他の生徒から選んでください）に、それぞれの文章を1文字ごとに切り離させてください（たとえば、それぞれの文章の「hello」の中の「o」のように）。そして、インクの付いた面をフィルター・ペーパーに当てて、文字をフィルター・ペーパーに貼り付け、どちらが本物でどちらが偽造かを判断するために、ろ紙クロマトグラフィの実験を行ってください。

➡ 筆跡鑑定で、偽造の捜査をすることは、かなり不確かだということが分かるでしょう。偽造に使われたインクの解析によって、偽造を証明する必要があるかもしれません。たとえば、あなたのエキスパート・グループの他のメンバーの一人の偽サインで試してみてください。他の誰かが、偽造されたサインの真偽を、それをみただけで判断できるかどうかを確認してみましょう。

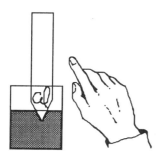

インクがどのようにろ紙クロマトグラフィに広がっていくかを見てください。これを、偽造犯人のペンのインクと分かっているサンプルと比較してください。

➡ 多くの一般的なインクは水溶性であり、そのため、ろ紙クロマトグラフィで、溶媒として水を使うことで、それらのインクは、含有する染料に分解されるということを思い出してください。テストしたインクが水を使っても広がらないなら、それは「不変色」インク（水溶性ではないという意味）でしょう。その場合は、異なる溶媒、……おそらく消毒用アルコールや塗料用シンナーといったものを使うべきでしょう。

クロマトグラフィの別の使い道

クロマトグラフィは警察官の活動において、あらゆる物質の解析と特定に使用されます。麻薬からアスピリンにいたる薬物は、クロマトグラフィのおかげで、しばしば尿や血液のサンプルから検出されるのです。この活動では、ろ紙クロマトグラフィの技術を、スマーティーズ、M&M's、リコリスなどの色づけされたお菓子を解析することで実践します。それでも、いつ自らのクロマトグラフィの技術が必要になるか、そして、捜査が事件の解決に役立つか思いもつかないでしょう。

手　順：

- ➡ スマーティーを濡らして、ろ紙クロマトグラフィかフィルター・ペーパーに、そのお菓子のコーティングをこすりつけてください。

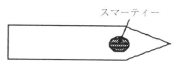

- ➡ 「クロマトグラム」を水に浸し、お菓子のコーティングが紙に沿って水と共に広がっていく様子を観察してください。
- ➡ 多くの色のお菓子を比較してください。
- ➡ M&M'sやリコリスなど、他のブランドのお菓子で同じことを試してみてください。
- ➡ 被告人が、犯行現場に何を残していくか決して分かりません。誰かが殺された部屋の床に、お菓子が残されていたと想像してみてください。ポケットに同じ種類のお菓子をもった容疑者を見つけたら？容疑者から見つかったお菓子が犯行現場で見つかったお菓子と同じ店のものと証明するために、どんな証拠を提供できるでしょう？ここでクロマトグラフィは役に立つでしょうか？
- ➡ ろ紙クロマトグラフィを使ってテクニックを練習してください。ここでは化学捜査の「エキスパート」ということを覚えておいてください。白い粉、ペンからこぼれたインク、あるいは、あらゆるブランドのお菓子のコーティングを解析する上で、あなたのスキルはすぐに必要となるでしょう。あなたのグループが事件を解決するのを手伝う準備は整っていると思いませんか？

顕微鏡分析

レッスン1　衣服の繊維と髪の分析
備　品：

□さまざまな布片のサンプル	□顕微鏡用のスライドとカバーガラス
□シミのついたJ-クロス	□ウールとシルクのスカーフからとった繊維
□ヘアスプレー	□髪の毛のサンプル（落ちていたものや引き抜いたもの）
□虫眼鏡	
□顕微鏡	

背景的な情報
多くの犯罪では、犯罪者と被害者の接触があり、その結果、衣服の繊維や髪の毛が被害者や犯行現場に残されることがあります。また、犯罪者が、自分で証拠を運んでいるとは知らずに、犯行現場から被害者の繊維や髪を持ち去っている場合もあります。この物的証拠は、虫眼鏡や顕微鏡を使った精密な検査技術によって分類、特定することができるのです。

衣服の繊維の分析
手　順：

➡ 布片を観察して、その色と質感を記録してください。気づいたことを書いてください。

➡ 虫眼鏡を使って、布片をより精確に観察し、気づいたことを記録してください。

➡ 布片を顕微鏡スライドの上に置き、繊維を検査してください。異なる倍率で見て気づいたことを書き、その対象物を描写してください。

➡ 1から3のステップを、他の布片を使って繰り返してください。2つの布片の間の違いをどのように説明しますか？

➡ ここで、虫眼鏡や顕微鏡を使って、シミのついたJ-クロスを観察してください。シミを描写することはできますか？照合しなければならないとき、照合できますか？

➡ 観察結果を図表に記録してください。

色と質感の観測	衣服サンプル1	衣服サンプル2	シミのついたJ－クロス1	シミのついたJ－クロス2
目視				
虫眼鏡				
顕微鏡				

髪の毛の分析

手　順：

➡ 頭髪を数本引き抜いて、顕微鏡スライドの上に置いてください。数滴の水とカバーガラスで固定してください。

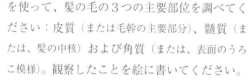

➡ 倍率の低い顕微鏡と高い顕微鏡を使って、髪の毛の3つの主要部位を調べてください：皮質（または毛幹の主要部分）、髄質（または、髪の中核）および角質（または、表面のうろこ模様）。観察したことを絵に書いてください。

➡ ヘアスプレーを少し頭の一部に（目を覆って）かけ、何本か引き抜いて顕微鏡で検査してみてください。スプレーのかかった髪の角質に何か見えますか？

➡ 自分のエキスパート・グループの他の子どもたちの髪と自分の髪を比較してください。比較のために教師の髪も手に入れられるなら観察してください。顕微鏡で観察したように異なる髪の描写を、どのような文章にして、記録すればよいでしょう？

➡ 引き抜いたすべての髪の先端が擦り切れていることに注目してください。もしこれらの髪が落ちていたならば、様子はかなり違っているはずです。

➡ 顕微鏡で見たように異なる髪の図解を描く練習をするために、下の表を使ってください。一緒に、その髪の毛を描写する練習もしてください。

顕微鏡で見た髪の毛の図解	描写

レッスン2　欠片を一緒に乗せる
備　品

□スズ箔　　　　　□虫眼鏡
□ガムの包み紙　　□顕微鏡
□二つ折りマッチ　□顕微鏡スライド
□ブラックライト（ウルトラバイオレットランプ）

背景的な情報

　化学捜査の背景にある考え方の一つとして、犯罪者は常に何かを犯行現場から持ち去ったり、何かを残したりするというものがあります。それは、ガムの包み紙の一部のような単純なものかもしれません。容疑者から見つかったガムの包み紙の残りが犯行現場に残ったものと一致すれば、正しく説得力のある主張を提示することができます。また、もしかすると、事件の容疑者を有罪にするスズ箔の破片があるかもしれません。もしかすると、被告人から見つかったブックマッチと物理的に一致していることが証明される、放火現場に残されたマッチのような単純な何かが、被告人に有罪を言い渡すのに十分な証拠になるかもしれません。

破れたスズ箔の照合
手　順：
　➡ 小さなスズ箔を二つに破ってください。

➡ それぞれの破片の断面を注意深く調べ、一致するかを確認してください。観察結果と証拠を説得力のある方法で記録するには、どうすれば良いでしょう？

➡ 顕微鏡で破片を調べるのは有用かもしれません。スズ箔の端が見えるまで、顕微鏡で何も観察できないということに注意してください。このスズ箔の端は、完全な闇と光の間の黒いジグザグ線として現れます（スズ箔は完全な不透明です——あらゆる光が通り抜けることを許さず、そのため顕微鏡で見通すことはできません）。

➡ 破れた紙を使って同じように、この技術を練習してください。破片やスズ箔の端の照合の図解を描くのに役立つ図表を活用してください。

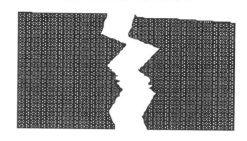

破れたスズ箔の二つの破片をあわせることができますか？

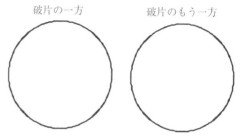

「破れていない」部分の観察に顕微鏡を使うことは有益ですか？

破片の一方　　破片のもう一方

ガムの包み紙の破片の照合
手　順：

➡ ガムの包み紙を先端から破り取ってください。包み紙をあなたのポケットにとどめて、先端をあなたのエキスパート・グループの他の生徒と交換してください。他の生徒から受け取ったガムの包み紙の先端の断面を調べてください。

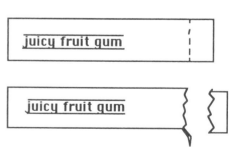

顕微鏡分析   219

➡ ガムの包み紙の先端の破れた跡の形を図解してください。
➡ この包み紙の先端と、他の子どもがポケットにもっている包み紙の残りとを一致させることができますか？図解が、陪審員に提示するのに充分な説得力のあるものであることを確認してください。

一致しましたか？

マッチの照合
背景的な情報
安全上の注意：
マッチには細心の注意を払ってください。マッチに火をつけようとしてはいけません。二つ折りマッチはどのブックから来たのかを比べることができるだけでなく、ウルトラバイオレットランプのもとで、どのように蛍光を発するのかという観点からも比較することができます。

手　順：

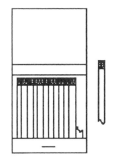

➡ 異なる紙マッチのブックレットをウルトラバイオレットランプ（ブラックライト）の下で比較してください。特定のマッチはブラックライト（蛍光を発する）の下で、他のものより明るくなるのがわかるでしょう。
➡ ブックレットからマッチを一本取ってください。折れた表面とブラックライトのもとでの光の発し方の両方の観点から、ブックレットと「マッチを合致（マッチ）」させられるか、自分のエキスパート・グループの他の生徒に挑戦してみてください。

マッチさせられましたか？

➡ 一緒に説得力のある主張ができますか？どのように「証拠」を準備すれば良いのでしょうか？
➡ マッチがブックレットに一致すると証明するのに役立つ円の枠を活用してください。
➡ どのようにすれば、マッチの光の発し方を比べられるでしょう？その

マッチがどのブックレットから外されたのか、ブックレットと「照合」できますか？

マッチの光の発し方の描写	ブックの光の発し方の描写

足跡分析

レッスン1　土壌分析と足跡分析
備　品

- □白い紙
- □フィルター・ペーパー
- □pH試験紙
- □水
- □食用酢
- □アンモニア
- □異なる場所から集められたたくさんの種類の土
- □じょうご
- □試験管
- □試験管立て
- □ルーペ
- □解剖顕微鏡
- □スズ箔

背景的な情報

多くの犯罪は、犯人と被害者の間の接触をともない、その結果として、履物から土が検出されたり、犯行現場に足跡が残されたりします。あるいは、ときとして、犯行現場（ガーデンという）の土が、（靴や衣服の中などから）検出され、その後の容疑者の特定につながることもあります。物的証拠は、特定され、分類されます。化学成分も、土を比較し、事件の解決に役立つ証拠を提供するために、用いられます。

土の分析
手　順：

- 少量の土を白い紙の上に置いてください。
- ルーペを使って土の色、土の粒の大きさ、そしてそこに生息する植物や動物を調べてください。
- 他にも、土のサンプルから発見できるものがあるかもしれません——たとえば、とても小さいバーミキュライト、スタイロフォーム、紙片、木くずなど。これらすべてのものが、土を描写する際に、特徴になります。
- 土が湿っているか乾いているかを確認してください。
- 土のサンプルを分析し、特徴づけ、そして描写する練習をしてください。
- あなたの土とエキスパート・グループの別の生徒の土とを比較してください。
- 土はどういった点が共通していますか？
- どういった点が異なりますか？
- 土に関するすべての情報を図表に記録してください。

観察	あなたの土	パートナーの土
色		
粒の大きさ		
植物		
動物		
他の物質		
湿気		
pH（パート2）		

土の酸性度
手　順：

- 3つの試験管を用意してください。2mlの水を1つ目の試験管に入れ、2mlの酸（食用酢）を2つ目の試験管に入れ、2mlの塩基（アンモニア）を3つ目の試験管に入れてください。
- pH試験紙（リトマス紙）の一部を試験管のそれぞれの液体に浸してください。

➡ 試験紙が中性液（水）、酸、あるいは塩基におかれているとき、それぞれの試験紙の一部に何が起こるかを観察してください。

➡ 気づきをチャートに記録してください。

サンプル	赤色リトマス紙	青色リトマス紙
水 (中性)		
食用酢 (酸)		
アンモニア (塩基)		

➡ 少量の土を試験管に入れてください。10mlの水を注ぎ、土と水が完全に混ざるまで振ってください。

➡ 図が示すように、ろ紙を一枚折ってください。

➡ ろ紙をじょうごに置き、土と水の混合物を別の試験管でろ過してください。

➡ 酸性、塩基、あるいは中性であるかどうかを観察するために、ろ過した液体を、pH試験紙を使ってテストしてください。

➡ パート１の図表に結果を記録してください。どのように、二つの土のサンプルを区別するか説明できますか？

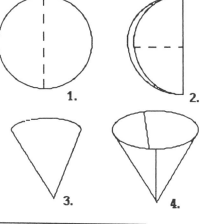

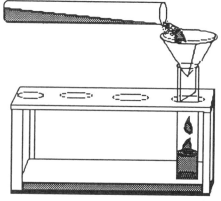

レッスン2　足跡分析

背景的な情報

靴は、とても特徴的な足跡をつくり、しばしば、靴がつけた足跡によって、靴のブランドを判断することができます。O・J・シンプソン事件では、捜査官は、現場で発見された足跡のサイズと形状が、容疑者が所有していたか、購入したことのある靴と一致することを明らかにしました。

手　順：

➡ 靴の足跡を一枚のスズ箔に押し付けてください。スズ箔上にあなたの足跡のちょうどいいレプリカができるでしょう。足跡を測定し、靴底のパターンを描写し、デッサンする練習をしてください。

➡ 足跡を、あなたのエキスパート・グループの別の生徒のものと比較してください。確実に、2つの足跡の相違点と類似点を描写することはできますか？

➡ 足跡のスズ箔の記録を保管するように求められるかもしれませんが、注意して保管してください。記録の保管はとても重要であるということを覚えておいてください。

足跡のデッサン	足跡の描写
足跡1	
足跡2	

時間に余裕があれば、もう一度、足跡を比較する練習をしてください。

犯行現場：一例

ロジャー・ラビットを殺したのはだれか？

ロジャー・ラビットは、週に一度のポーカーを友だちとするために、カリブーヒル・スクールに立ちよった。毎週月曜日の放課後、彼は、先生１、先生２および先生３と卓を囲んでポーカーをする。ゲームは普段４時に始まる。今週、彼女に婚約指輪を買うつもりだったので、ロジャーは大金を持っていた。しかし、今週のゲームは思うようにいかず、５時の時点でロジャーはひどく負けていた。５時30分に、彼はゲームから抜けてトイレに行った。彼がカードを配る番だったので、ロジャーはトランプに印をつけるためにそのカードを持って行った。ロジャーが出て行った後、他のプレーヤーは職員室を掃除し始めた。先生３は、自動販売機のところまで、プレーヤー全員分のコーラを買いに行った。

トイレで、ロジャーはカードに印をつけ始めていた。そのときになって、彼は、負けを取り戻すためには、もっとたくさんのお金が必要であることに気がついたが、彼は一銭ももっていなかった。取り乱し、絶望したロジャーは、金庫をこじ開けオークションのお金を盗むために、猛然とバンドルームに向かった。金庫を壊している最中、ホールを歩いていた校長が、ロジャーを発見し、助けを求めて警察に通報した。警察が応答したまさにそのとき、ロジャーは何が起こっているかに気づき、ポケットからけん銃を引き抜き、校長を楽器室の方に後ずさりさせた。

部屋の鍵をかけ、帰宅する準備をしに音楽の先生（先生４）がやってきた。ロジャーは楽器室の入口のドアに背中を向けていたので、彼女に気づかなかった。彼女は何が起こっているのか理解し、すぐにあたりを見回して、校長を守るのに使えそうなものを探した。楽器の飾り戸棚の上に植物があった。彼女はそれを掴んで彼の頭に重い一撃を加えた。レボルバーは椅子の下のカーペットに落ちて、ロジャーは倒れた。彼は気を失った。

自分が何をしてしまったのかに気づいたとき、先生４はヒステリックになった。校長は彼女を落ち着かせようとしたが、意識を失っているロジャー・ラビットを彼女の視野から完全に外す必要があることは明らかだった。校長は、彼女をホールに寝かせて水をとりにいった。

先生5が音楽室に自分のバンドで使うため、アンプを借りにやってきた。彼は金庫を見てかがみ、それがこじ開けられているのを見た。突然、彼は後ろから飛びかかられた。ロジャーがやってきて、金庫から金を掴んでそこから逃げようとした。最初に、ロジャーは先生5を追い払わなければならなかった。争いになり、二発の銃弾が発射された。ロジャーの体は再び床に崩れた。これっきり彼が目覚めることはなかった。銃弾は彼の心臓にあった。一瞬パニックになり、先生5はすぐに遺書を書き、ロジャー・ラビットの名で署名した。その遺書には、彼はギャンブルで多くの金を失い、これ以上生きていれなくなったと書かれていた。

容疑者と手掛かり

先生1
　ロジャーのポケットから発見されたカードに指紋が残っている。先生1はロジャーの左でゲームをしていたから、先生1のセーターからわずかな毛が発見された（ロジャーはゲームに不満がたまっていたので、自分の毛を引き抜き始めていた）。先生1は胃食道逆流を患っていた（机の上にソーダ）。

先生2
　ロジャーのポケットから発見されたカードに指紋が残っている。先生2の机から石こうボードの欠片が発見された（彼は自宅のリフォームを行っていて、店でカットするために家から石こうボードの欠片を持ってきていた）。彼は先生6と同じガムを噛んでおり、空いた包み紙が同様に机の上にあった。

先生3
　ロジャーのポケットから発見されたカードに指紋が残っている。先生3は自動販売機のところにいるあいだ、スマーティーズの箱を開けていた。先生5が音楽室にアンプを借りに行く途中だった。先生3は先生5にスマーティーズをあげて、二人で立ち話をした（先生3は、ロジャー・ラビットと一緒にやっていたポーカーで勝って大儲けしたことを話した）。その後、残りのスマーティーズは、先生3の机の上で見つかった。

先生4
　植木鉢の土が彼女のオフィスまで跡になっていた。彼女の足跡が音楽室のカーペットにこぼれた土に残されていた。彼女の指紋はロジャー・ラビットを殴り倒した植木鉢を取り囲む包装紙から発見できる。彼女の髪が、数本犯行現場にあった（彼女はヒステリックになったとき頭を掴んで実際に自分の毛を何本か抜いた）。

先生5
　遺書を書くときに使った黒いフェルトペンは彼のポケットにしまわれている。緩衝

材がいくつかまくられていた袖口に入っている（彼がこじ開けられた金庫を調べたときから）。彼のズボンにウサギの毛が付いていて、スマーティーズが1個ポケットに入っている。

先生6

先生6は、殺人のあった日遅くまでその学校にいた。彼女は翌日の授業の準備をしていた。彼女は、事件より早い時間に音楽室で電話を使っており、話している間にガムの包み紙を開けた。彼女は包み紙の先端をゴミ箱に捨てていて、包み紙の残りは彼女の部屋の机の上にある。M&M'sの包み紙も机の上にある。

校長先生

翌朝、先生4が大丈夫かどうか見るために音楽室にやって来たときに、校長先生は、ロジャー・ラビットの銃から放たれたもう1発の銃弾を見つける。彼は、それを自分の机に置き、警察がさらなる捜査のために戻ってきたときに彼らに渡そうと思っている。彼の足跡も音楽室の廊下の土に残されていて、いくらかの土が彼の靴にまだ残っている（そして、彼の机の下からも見つけることができる）。

注意：証拠が集められている間、何人かの容疑者が、黒いフェルトペンを所持品の中にもっている。

殺害現場

ロジャー・ラビットの死体は楽器室隅の床の上にテープで示されている。死んでしまったアニメーションのキャラクターが蒸発した後、ロジャーの心臓の場所には、一つの銃弾が床に転がって残されている。死体のあるドアの傍の床に金庫のパッキングがある。また、床につぶれたスマーティーズがいくつか散らばっている。殺人現場のいたるところで発見されたウサギの毛と土の足跡がある。遺書は死体のあった場所の脇にあり、銃は消えていた。

楽器室の近くには、土の足跡（先生4と校長のもの）とともに床にこぼれた植物がある。床の上にガムの包み紙の先端が、ひっくり返ったゴミ箱の脇にある（先生6の机で見つかったパッケージの残りと一致する）。数本の先生4の髪の毛とともに、ウサギの毛が植物のちかくの床で発見される。先生4の指紋も、植木鉢を取り囲むラップのいたるところにある。

ニュースで、犯行現場の様子とそこで何が発見されたのかが放送される。近隣の住民は、5時36分に2発の銃声を聴いたと告げる。用務員は、学校が開いた今朝になって分かったと説明する。「なんてことだ。私は、彼がどれだけここで先

生たちとポーカーをするのが好きだったかをよく知っているんだよ」。用務員は、アニメのキャラクターは死ねば、消えていなくなるので、処理すべき遺体はなかったと説明した。「残った唯一のものは、彼を殺した銃弾だけ。銃さえ消えてしまったよ」。用務員は、5時30分に学校を出たと説明したが、(ロジャーを除いて) そのときに、まだ学校に——校長先生と先生1〜6の——7人がいたことを思い出した。アナウンサーは、事件の解決にいたることができるように増援を要請したと付言した。

容疑者への召喚状   (日付)

容疑者　さま
　学校で殺人がありました。ロジャー・ラビットが殺されたのですがどう思いますか？……あなたは7人の容疑者の1人です。
　シナリオを読んで、あなた自身、および／または、あなたの机に、生徒たちの小さなグループ (＿＿＿先生の科学クラス) による (日／時) の尋問の時間に間に合うように、証拠を用意してください。
　ご支援に感謝します！！シナリオに沿って生徒たちの質問に答えてください。(それ以上の物語をでっちあげてはいけません。) 我々は、「探偵チーム」がここに挙げたシナリオに沿って証拠を集め解読することで事件を解決できるかどうかを確かめるつもりです。
　改めて、あなたの協力に感謝するとともに……うれしく思います。
　ところで、裁判は (日／時) に開かれます。

公判進行：

廷吏　　：　全員起立、これより開廷します。＿＿＿＿判事が審理を行います。(裁判官が座るようにいうまで全員立ったままでいる。)
裁判官　：　着席してください。
書記官　：　本件は、＿＿＿＿事件です。
裁判官　：　ありがとう。両当事者は出席していますか？
検察官　：　(立って裁判官の方を向く。) はい、判事。私は＿＿＿＿と申します。こちらは学識ある友人である＿＿＿＿と＿＿＿＿です。我々は国家のために行動いたします。
弁護人　：　(立って裁判官の方を向く。) はい、判事。私は＿＿＿＿と申します。こちらは学識ある友人である＿＿＿＿と＿＿＿＿です。我々は被告人のために行動します。
裁判官　：　ありがとう。(書記官の方に、) 起訴状を朗読してください。(裁判官は被告人の方を向く。) 立って起訴状を聴いてください。(被告人、弁護人、そして

	事務官は立つ。）
書記官：	あなたは（　）月（　）日、（場所）にいて、ロジャー・ラビットが死亡した事実について第1級謀殺罪で起訴されています。どのように訴答しますか。
被告人：	無罪です。
書記官：	判事、被告人は「無罪」であると訴答しました。
裁判官：	（検察官の方を向く。）それでは、検察の主張をはじめてください。
検察官：	（冒頭陳述）……ここで我々は最初の証人＿＿＿＿＿＿の喚問を請求します。
書記官：	右手で聖書に触れてください。あなたは、神に誓って、真実を、すべての真実を、真実だけを述べることを誓いますか？
証人1：	誓います。
	（検察官が尋問をすすめる。）
裁判官：	弁護人は証人への反対尋問を希望しますか？
弁護人：	はい、希望します、判事。（立って、検察側証人1を尋問する。）
裁判官：	（検察官に向かって）他の証人も請求しますか？
検察官：	いいえ、判事。われわれの主張を終わります。
裁判官：	（弁護人に向かって）弁護人は、始めてもらって構いませんか？
弁護人：	（冒頭陳述を行い、弁護側にどの証人を喚問するかを法廷に告げる。）
書記官：	（証人を呼び、上記の通りにそれぞれ順に宣誓する。弁護人は質問を行う。それぞれの証人に対して、検察官による反対尋問が行われてもよい。）
弁護人：	（主張を終える。）我々の主張を終わります、判事。
裁判官：	（最終弁論を行うように弁護人に指示する。）
弁護人：	（陪審員への最終弁論を行う。）
裁判官：	（論告を行うように検察官に指示する。）
検察官：	（陪審員への論告を行う。）
裁判官：	（陪審員に指導する。）
	（陪審員は評決のため退廷する。陪審員が傍聴人の前で評議するのであれば、傍聴人にとってはより興味深い。）
	（陪審員が戻る。）
裁判官：	陪審員の皆さん、評決に達しましたか？
陪審員長：	はい、判事。第1級殺人罪の起訴事実について、被告人に（有罪／無罪）を言い渡します。
	（評決が無罪であれば裁判官は被告人の釈放を許可する。有罪の場合は……）
裁判官：	検察官は、求刑を行ってもらえますか？
検察官：	（検察は、検察の意見として、適正な求刑を行う用意をしておく。）
裁判官：	ありがとう。弁護人は刑について述べてもらえますか？
弁護人：	（弁護人は、弁護側の意見として、適正な量刑を提案する用意をしておく。）
裁判官：	（被告人に刑を宣告する。）
	これにて閉廷します。
書記官：	全員起立、これにて閉廷します。（裁判官が去るまで全員立ったままでいる。）

本章は、トロント教育委員会のピーター・ウィリアムスの研究からはじまり、多くのカリキュラム開発者や教師を巻き込んだ長い発展の過程を論じてきました。バーナビー教育委員会のマーガレット・スカーとギャリー・マッキノンは有意義な示唆を与えてくれ、ブリディッシュコロンビア州におけるこのユニットの最初の試みの一つに出資してくれました。ジェフ・コーリンとバンクーバー騎馬警察隊法医学研究所のスタッフのご助力とアイディアに特に謝意を表します。サイモンフレーザー大学の同僚には、教育、社会、法律を重視することだけでなく、学際的な側面を構築することについても力添えいただきました。

訳者あとがき

　司法改革の一環として、法教育の重要性が説かれるようになって、10年近くになります。「もはや、法は、大学の法学部で学んだり、一部の専門家だけが理解したりすればよいものではない。」そんな認識のもとで、今では、官民あげて、さまざまな法教育の取組みが行われています。
　もちろん、私たち大学教員にも、高校生や中学生を相手に、法について話すことが期待されています。ところが、経験した者の多くが口をそろえて言うように、そうした期待に応えるのは簡単なことではありません。「ここまでは知っていて当然」という前提が通じない相手に、法について話すのが、どれほど難しいか。ましてや、小学生が相手となると・・・。
　「じゃあ、一体、欧米では、どうしているんだろう。」そんな素朴な疑問をもって、いろいろと調べているうちに行き当たったのが、本書『小学校で法を語ろう（原題 Let's Talk about Law in Elementary School）』です。本書では、カナダやアメリカ合衆国の法律と初等教育の専門家によって、小学生に対する法教育の意義や方法が論じられています。すでに読んでいただいた方には分かっていただけたように、カナダやアメリカ合衆国でも、小学生に法教育を行うことは簡単ではないようです。それを知っただけでも、少しホッとしてしまいそうですが、大切なのは、本書が、その容易でない取組みを展開するためのさまざまな実践例を提案していることです。原著の出版は、1998年ですが、その後も両国で類書は出版されておらず、本書の価値は衰えるどころか、高まっているとさえ言えるでしょう。
　もちろん、その内容は、日本でそのまま使えるものばかりではありません。でも、こうした文献を翻訳して紹介することで、きっと日本の法教育にとって意義のある知見や情報を——しかも、小学校での法教育だけでなく、中学校や高校での法教育にとって、さらには、大学での法学教育や法学部での授業にとってもヒントになる知見や情報を——提供できるものと確信しています。原著の編者であるワンダ・キャシディとルース・イェーツは、同書に続いて、2005年に、小学校で模擬裁判を行うためのテキストを公刊しています。そこでは、狼による三匹の子ブタの家屋損壊やピーターパンによるウェンディたち兄弟の誘拐を素材にした

興味深いシナリオも収められています。こちらも、機会があれば、ぜひ翻訳したいと考えています。

　今回の本書の翻訳作業は、法教育に関心をもつ同世代の同志社大学法学部の教員や同大学出身の教員で、研究会（「同志社大学法教育研究会」）を立ち上げて取り組んできました。諸般の事情で、翻訳作業には、当初の予定を大幅に上回る時間を要しましたが、今回、何とか出版にこぎつけることができました。日ごろは違う法律の研究に取り組んでいる者同士ですが、今後も、法教育について関心を共有していきたいと思います。

　本書は、出版をご快諾いただいた成文堂の阿部耕一会長、阿部成一社長の存在なくしてあり得ませんでした。また、編集部の篠崎雄彦氏には、出版までの長い期間、たいへんお世話になりました。改めて心からお礼を申し上げます。

　また、原著が、分担執筆の形式であることから、翻訳にあたっては、基本的に、各章の翻訳を担当する分担者がそれぞれの責任で作業を進めましたが、校正段階では、同志社大学大学院法学研究科博士課程後期課程に在籍中の山田慧さんに、全体の校正とともに、最低限の統一を図る作業をお願いしました。併せて、感謝の意を表させていただきます。

　　　2015年8月

　　　　　　　　　　　　　　　　　　　　　　　　訳　者　一　同

同志社大学法教育研究会（訳者）一覧（50音順）

新井　　京（あらい　きよう）
　　同志社大学法学部教授・専門：国際法（第5章担当）
尾形　　健（おがた　たけし）
　　同志社大学法学部教授・専門：憲法（第6章担当）
戒能　通弘（かいのう　みちひろ）
　　同志社大学法学部教授・専門：法思想史（第9章担当）
釜田　薫子（かまた　かおるこ）
　　同志社大学法学部教授・専門：商法（第8章担当）
川崎　友巳（かわさき　ともみ）
　　同志社大学法学部教授・専門：刑法（はじめに、第1章、第10章担当）
濱　真一郎（はま　しんいちろう）
　　同志社大学法学部教授・専門：法哲学（第7章担当）
林　　貴美（はやし　たかみ）
　　同志社大学法学部教授・専門：国際私法（第2章、第3章担当）
渡邊　暁彦（わたなべ　あきひこ）
　　滋賀大学教育学部准教授・専門：憲法（第4章担当）

小学校で法を語ろう

2015年12月20日　初版第1刷発行

原編著者	W.キャシディ＆R.イェーツ
訳　者	同志社大学法教育研究会
発行者	阿部　成一

〒162-0041　東京都新宿区早稲田鶴巻町514
発行所　株式会社　成文堂
電話03(3203)9201代　FAX03(3203)9206
http://www.seibundoh.co.jp

製版・印刷　藤原印刷　　　　　　　製本　弘伸製本
©2015 同志社大学法教育研究会　　Printed in Japan
☆乱丁・落丁本はおとりかえいたします☆
ISBN978-4-7923-0584-0 C3032　　　検印省略

定価（本体3,000円＋税）